후 사진

소금비

나방은 이생이

시작되었다

이십대의 스물다섯, 직장인 공감 에세이

토사물 비린내
나의 인생이
시작되었다

강미란 글·그림

SNOWFOX

흔들리지 않고 피는 꽃이 어디 있으랴

—도종환, 「흔들리며 피는 꽃」 중—

사연을 제공해 주신 스물다섯분께 진심으로 감사드립니다.

☆ contents

prologue / 10

#1 ● 그 사람으로부터 찾아든 압박감 / 15

#2 ● 내가 욕의 티 같다는 생각이 들었어 / 27

#3 ● 쟤녁이 있는 삶 / 39

#4 ● 내가 왜 이렇게까지 괴로워해야 하는 거지? / 49

#5 ● 나를 돌아볼 시간을 갖지 않았다는 생각이 들었다 / 61

#6 ● 2년이 되어도 나아지는 건 없었어 / 71

#7 ● 나도 모르게 인주하고 있었다 / 81

#8 ● 여자라는 이유만으로 / 91

#9 ● 지금이 아니면 평생 주저앉아 있을 것만 같았어요 / 103

#10 ● 업무에 회의감이 들었습니다 / 115

#11 ● 퇴사를 쉽게 하지는 말았으면 해요 / 127

#12 ● 자기 계발에 대한 미련 / 139

#13 ● 목표로 하는 곳이 있었어 / 151

#14 ● 해도 해도 끝이 없었어요 / 161

#15 ● 정곡에 미명이 남아서요 / 173

#16 ● 다시 봄이 나빠졌어 / 183

#17 ● 여러 업무가 수시로 끼어들었어요 / 193

#18 ● 주 업무와 부업무가 뒤엉킨 삶 / 201

#19 ● 혼자 한자 스무 떨을 들패야 했어요 / 209

#20 ● 고객들과 섬망에 지쳤어 / 217

#21 ● 매일 아는을 해도 쌓이는 업무량 / 227

#22 ● 미래가 지워진 공간이었다 / 239

#23 ● 무조건 내 탓이었죠 / 251

#24 ● 아이와 조금 더 시간을 보낼 수 있는 곳 / 265

#25 ● 나만의 무언가를 하고 싶었어요 / 275

#26 ● 나중에 돌이켰을 때 내가 행복해야 하잖아요 / 283

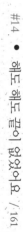

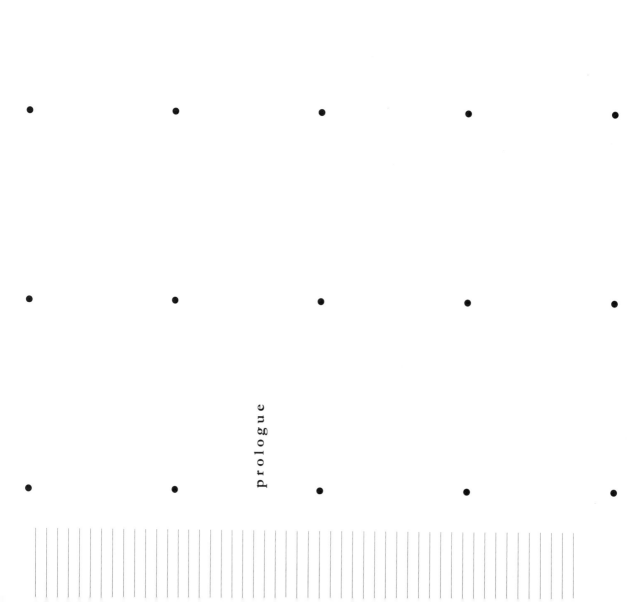

prologue

"의외다. 너는 참고 다닐 줄 알았는데."

퇴사를 하고 친한 친구에게 들은 말이다. 나도 내가 버틸 줄 알았다.

그저 묵묵하게 지낼 줄 알았다. 특출하게 공부를 잘하거나 뛰어난 능력을 갖고 있지도 않았다. 대학교도 좋은 직장으로 가는 필수 코스라는 말에 진학했을 뿐이었다.

졸업 후에는 거의 바로 취업에 성공했다. 다만 불분명한 근무 환경과는 차이가 있었다. 평일 대부분을 회사에서 보내야 했다. 생각해 왔던 근무 환경과는 차이가 있었다. 그래도 요즘 같은 취업난에 남들보다 빨리 취업한 게 어디냐며 위안 삼았다.

그러나 얼마 뒤 당연하게 밟아 왔던 인생의 과정에 처음 의문을 품었다.

'이렇게 사는 게 맞는 건가?'

순간 학교를 졸업하고 직장을 가지면 결혼하는 보편적인 흐름이 끝이 생각보다 허무할 거란 생각이 스쳤다.

'지금 직장에서 미래의 나는 어떨까?'

잠시 생각했을 뿐인데 행복하지 않을 것 같다는 확신이 들었다.

나를 위해 살아 보고 싶었다. 하고 싶은 일을 해 보고 다시 취업 시장에 뛰어들어도 괜찮겠다는 판단이 들었다. 그렇게 나는 퇴사를 마음먹었다.

마침 비슷한 시기에 지인들도 회사를 그만뒀다. 그들이 퇴사 이유는 조금씩 모양을 달리했다. '한창 취업과 회사 생활에 몰두할 청년들이 퇴사를 택하는 이유는 무엇일까?' 하고 호기심이 인 나는 퇴사한 사람들의 얘기를 들어 보고자 했다.

2017년 여름에 처음 시작한 인터뷰는 이듬해 봄까지 이어졌고 나의 얘기를 포함한 스물여섯 편이 모였다. 내 인터뷰에 응한 사람은 모두 나와 같은 2, 30대 청년으로 이 원고에는 저마다 다른 퇴사 이유가 담겨 있다.

12

이 책에 담긴 각각의 퇴사 이유는 개인들의 경험이므로 일반화시킬 수 없다. 하지만 일반화시킬 수 없다고 해서 언제까지고 지나칠 얘기도 아니다. 퇴사는 언제나 현실적인 문제와 마주할 수밖에 없다. 따라서 퇴사자들의 얘기가 어느 정도 여러분의 선택에 도움을 줄 수 있을 것이란 믿는다.

이 책을 집어 든 여러분이 삶의 틈 속에서 한 장씩 페이지를 넘기며 무언가를 깨닫으면 좋겠다는 작은 욕심을 내어 본다.

이것 말고 다른 것이 있을까…?

1

그 사람으로부터 찾아온 연락감

어느 취업 준비생과 다름없이 초조해 하며 시간을 보내던 나는 졸업을 미루지 꼬박 1년이 되었을 때 취업에 성공했다. 자동차 부품 생산업체로, 배정받은 직무는 생산관리였다. 생산관리는 생산 설비를 얼마나 효율적으로 가동했는지, 목표한 생산량에 맞춰 제대로 된 제품이 나오는지 등을 관리한다. 작업자가 많은 생산 현장의 특성상 사람과 자주 부딪힐 수밖에 없는 직무라고 생각한 나는 학창 시절 학교 임원이나 모임의 책임자를 맡아 주변 사람들과 소통하며 얼굴을 쌓았던 점을 면접관에게 어필하려고 애썼다. 아마도 이것이 내가 취업에 성공한 결정적 요인이었을 것이다.

하지만 아이러니하게도

내가 자정으로 내세웠던 문제는

이 출발부터 여긋나기 시작했다.

그 사람과의 만남에서 아빠이 온 것이다.

그 사람, 내 사수는 재직한 지 10년이 넘은 과장이었다. 오래된 경력에서 오는 연막잠은 아니었다. 사수의 스타일과 성격 때문이었다. 예를 들면 이런 거다.

하드한 업무 프로그램을 일언 준다며 내 자리에 놓인 노트북을 켜라고 했다. 나는 전원 버튼을 눌렀고 오래된 노트북은 노후되었는지 아펠이라도 하고 싶었는지 부팅이 되고 있다는 신호만 반복적으로 띄우고 있었다. 이 상황을 빨리 지켜보던 사수가 대뜸 성질을 부리며 말했다.

"넌 컴퓨터도 못 켜나?"

그로부터 얼마 뒤였다.

"너 자 있어?"

"아니요, 없습니다."

"참세, 넌 그 나이가 먹도록 자도 없냐?"

그는 겨우 몇 마디로 내 기분을 충분히 망칠 수 있는 사람이었다. 다른 곳은 몰라도 이곳 생산관리는 대부분의 시간을 공장 안에서 보내기 때문에 출퇴근에 차가 필요하진 않았다. 그럼에도 이렇게 지무와 관련 없는 것들로 나를 집고넘어지기를 만복했다.

생각해 보면 그와 처음 대면했을 때부터 조짐이 있었다.

"너 잘할 수 있겠어? 여기 아주 XX 같은 곳이거든."

"아, 네. 열심히 하겠습니다."

"X까 X발."

처음에는 '원래 이런 분이구나' 하며 그러려니 했는데 이해할 수 있는 선을 자꾸 넘기는 그의 언행에 나도 모르게 조금씩 스트레스가 쌓여 갔다.

하는 수 없이 몇 주 지나고 시수에게 이 상황을 타개할 말을 건네 보기로 했다.

"저, 과장님. 저는 이곳이 첫 직장이고 일을 제대로 배우지 못해 서툴 수 있습니다. 차근차근 가르쳐 주시면 몇 년 안에 과장님 짐을 덜어 드릴 수 있을 만큼 성장해서 보답하겠습니다."

그러나 돌아온 그의 대답에 내 마음은 일순간 가라앉았다.

"너 안 바뀌어. 네 스타일도 안 바뀌고. 나 원래 이런 사람이야."

나는 이 대답으로 한 가지 분명한 확신을 얻었다.

'이 사람은 정말 안 바뀌겠구나.'

얼마 후 사직서를 쓰게 된 결정적인 사건이 발생했다. 공장에서 실밤볼 생

산량을 파악하고 있을 때였다. 공장 특성상 기계가 내는 소음이 무척 큰 탓에

핸드폰을 뻘소리로 해 놓으면 들릴지 않는다. 하지만 그분은 실수로 뺄소리로

해 놓았다. (사실 진동으로 해 놓았다고 해도 전화를 받기가 쉬운 상황은 아니었을

것이다.) 나중에 휴대폰을 보니 사수에게 여러 자례 부재중 전화가 와 있었다.

전화를 걸쾌던 지에 사수에게 다시 전화가 왔다.

"지 라인에 있습니다."

전화를 받지 못한 상황을 애들더 표현한 셈이다.

그러나 돌아온 건 그녀 성목뿔이었다.

"너이 ×× ,

내가 전화 몇 번 둘리기 전에 받으랬니!?"

사수가 내게 전화한 이유는 이랬다. 일전에 생산하는 내 필요한 재료를 요청하기 위해 자재팀에 메일을 보낸 적이 있었다. 그 메일에 필요한 재료의 수량을 적은 후 문의 사항이 있으면 연락 달라며 연락처럼 남겨 놓았다. 한데 어째된 일인지 자재팀 담당자가 내가 아닌 사수에게 연락을 한 것이다.

"자재팀에서 전화 왔었다."

"뭔가 어제? 야! 니가 뭐 팀장이야? 자장이야? 내가 자리에 앉아서 니 연락까지 다 받아야 하는 거야?"

그는 내 전후 사정을 듣지도 않고 소위 갈구기를 시작했다. 나로서는 억울하기 그지없었다. 직접 방문해서 요청하고 오겠다는 나를 말려 메일을 쓰라고 한 사람은 그 누구도 아닌 사수였다. 한계를 느낀 나는 더 이상 참지 않고 사수와 같은 톤으로 사수에게 한껏 쏘아붙였다. 그러는 사이 회사에 대한 내 마음은 멀어져 가고 있었다.

다음 날 탐장님과 부장님께 면담을 요청했다. 나는 두 분에게 고충을 설명한 후 인근 부서의 생산기술 직무로 보내 달라고 부탁드렸다. 하지만 회사라는 곳은 내 맘 같지 않다. 사수만큼이나 마음 있는 두 분은 대수롭지 않다는 표정으로 나를 바라봤다. 특히 부장님의 한마디가 인상적이었다.

"이런 식으로 참고 가야만 모두가 떡고살 수 있어. 여기 걸려 있는 밥그릇이 얼마나 되는지 알고 말하는 거지?"

이후 면담한 생산 쪽 이사님도 별반 차이는 없었다. 되레 사방팔방 늘어놓았다.

"여기에 계속 있다 보면 일본 본사로 가서 배울 기회도 생겨."
일본 본사로 간 직원이 있다는 얘기는 들어 본 적도 없다는 점과 무관하게 문제를 해결해 줄 의향이 전혀 없는 듯한 이사님의 태도에 실망만 가득안고 그 방을 나서야 했다.

그리고 결심했다.
사진서를 쓰기로.

문제는 부모님이었다. 늙은 나이는 아니지만 그래도 스물일곱 퇴사한다고 말하면 부모님이 적지 않은 실망감을 느낄 것 같았다. 무엇보다 집안 사정이 넉넉하지 않아서 급여 대부분을 집에 보태고 있었다. 그럼에도 고민 끝에 현재 상황을 말씀드렸다.

"지금 회사에 이런 문제가 있습니다. 당장은 버틸 수 있는데 길게 보면 정신적으로 피폐해지고 힘들 것 같습니다."

힘들게 꺼낸 이 한마디에 부모님은 담담한 표정으로 소신껏 하라는 답을 주셨다. 그 어떤 걱정도 지지하겠다는 말도 덧붙여졌다. 걱정은 금물이었다.

그날 탐정님께 유선으로 먼저 연락드려 퇴사 의사를 밝히고 다음 날 아침에 출근해서 행정 직원에게 필요한 서류를 받아 탐정님을 찾아가 보고드렸다. 그러고는 퇴사까지 얼마나 걸리느지를 물었다. 탐정, 부장님, 이사님 면담 이 나를 기다리고 있었다. 그들은 하나같이 명확한 퇴사 이유를 물었다. 나는 절차대로 그분들을 만나 다시 한 번 그간의 상황을 설명하며 굳은 의지를 내비 쳤다.

이번엔 시수를 찾아갔다. 나는 언제가 담배를 피우며 크가 한 얘기를 떠올렸다.

'여기 그만두고 나면 뭐 할 수 있는 게 없어. 마흔도 넘기고 훈자나 주워야지.'

나는 시수에게 "과장님은 그만두면 할 게 없으시니 제가 그만두겠습니다"하고 말했다. 시수는 애기가 없었는지 한참을 웃었다. 그러고는 나에게 이렇게 말했다.

"네가 그만두려는 거 알고 있었다."

모든 면담을 마치고 내가 퇴사한다는 얘기를 들은 동기들이 점을 내어 주 겠실로 모였다. 그들은 굳이나 복지가 나쁘지 않은 회사이니 한번 더 고민해보라고 말했다. 하지만 나는 그들에게 굳여나 복지 문제가 아니라고 말했다. 오직 사람 때문이었으니까.

퇴근 시간이 되자마자 곧바로 점을 싸서 나왔다. 2개월, 내가 그곳에서 보낸 시간이었다.

24

3개월이 흘렀다. 그동안 특별히 스스로 발전했다고 할 만한 일을 하지는 않았다. 멀어진 첫 직장에 들어가기 전과 지금 마음의 무게다.

조금해 하기보다는 신중하게 취업을 다시 준비하고 있다.

퇴사가 후회되느냐고?

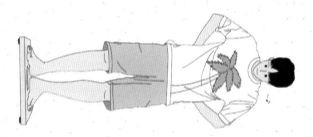

막 버욜 생각해 봤지만

별로 안 그래 봤다.

전혀 후회하지 않는다.

"지하철 계단을 내려가 끝에 닿으면 그곳에서"

#2

내가 육의 티 켠다는 생각이 들었어

고등학교 졸업을 앞두고 미국으로 연수를 가게 되었어. 고작 3개월이었는데 뭐랄까, 엄청 많이 배운 느낌이었어. 자신감이 생겼지. 이 기분을 고스란히 이력서에 적었어. 아주 값진 경험이었다는 걸 말하고 싶었나 봐. 다행히 회사에서 좋게 봐줬고 엄마 지나치지 않아 합격 통보를 받았어.

왜 취업을 선택했느냐고? 난 대학에 갈 생각이 없었어. 특성화 고등학교를 나왔는데 얘기는 졸업 후 바로 취직해서 3년간 일을 하면 제직자 전형을 통해 대학을 갈 수 있어. 그럼 급하게 대학에 갈 필요가 없다고 느낀 거지. 무엇보다 대학이란 기관은 내가 공부하고 싶은 분야에 대한 심화 과정을 배우는 곳이잖아. 난 그 정도까지 깊게 배우고 싶은 분야가 없었어.

이 회사를 선택한 이유는 단순해. 우리 학교 출신 선배가 많이 다니고 있었어. 보통은 고졸 취업자의 퇴사 비율이 높거든. 그런데 여기는 그렇지 않더라고. 학교 선생님들도 그런 이유로 내게 이곳을 지원해 보라고 하셨어. 연수한 회사와 분야도 비슷해서 좋은 취업 사례로 남겨질 거라는 이유가 더 컸겠지만. 아무튼 난 사회생활을 시작했어.

내 분야는 의료기기를 다루는 곳으로 주 업무는 제품 검증이었어. 내가 다닌 곳은 제품 수정이 끊임없이 이어지는 연구소였거든. 나는 버그를 잡거나 프로그래밍을 통해 UI(User Interface, 사용자 조작 환경)를 수정했어. 아주 많은 품이 드는 건 아니지만 부서 회계 업무도 겸해야 했지.

이것까진 괜찮았어. 문제는 업무 외적으로 수행할 것이 점점 늘어났다는 거야. 막 고등학교를 졸업한 내게 많은 걸 가르치고 싶었던 모양이야. 어느 날 부장님이 나를 부르시더니 나를 위한 커리큘럼을 만들었다며 뿌듯한 표정으로 내게 그 커리큘럼을 내밀더라고. 언제까지 이 분야를 공부해서 세미나를 열라는 식이었어.

너에게도 아른아른거리는 미련이 있었어.

이 미션을 수행하기 위해 나는 새벽까지 회사에 남아 이하 책을 봐야 했지.

그런데 얼다시피 노력한다고 다 되지 않잖아? 한계를 느꼈어. 갑자기 열등 의식도 올라오더라고. 다른 부서원들은 쟁쟁한 대학 석·박사 출신인데 나는 고졸 출신…. 내가 욱의 티 같다는 생각이 들었어.

"모르니까 알려 주세요"라고 점 없어. 고등학교를 막 졸업한 새내기니까 그래도 될 거라고 생각한 나의 잘못인지도 몰라. 그분들은 알려 주고 싶었을 테고 빨리 성장시키고 싶었겠지. 그런데 그 마음이 알겠는데 제속되는 이 패턴을 더 이상 버티지 못하겠다는 생각이 들더라고. 시간이 지나자 다는 부담감과 부끄러움을 다스릴 에너지가 내게 남아 있지 않았어. 스스로에게 제속 물었어.

'여기 남는 게 맞는 걸까,
다른 길을 찾아가는 게 맞는 걸까?'

떠나기로 했어. 내가 진짜 좋아하는 일을 해 보고 싶어졌거든. 사람을 수지로 대하는 서비스업이 내가 내린 결론이었어.

하지만 곧바로 퇴사는 할 수 없었어. 준비 기간이 필요했거든. 특히 돈을 생각하지 않을 수 없었어. 신입제 전형을 이용해 전문대학 관광학과에 야간으로 입학했거든. 그런데 어느 날 부장님이 그러시는 거야.

"학교 다니는 게 영 보기 그렇네."

아는 때문이면 이해라도 했을 텐데 회식 분위기 조성을 위해 학교에 가지 말라는 것이었어. 사실 부장님은 내가 학교에 간다고 했을 때 적극 찬성하셨어. 그런데 지금 하는 일과 무관한 수업을 듣는다고 야근 그리고 회식을 못하게 되니까 부장님 입장에서는 납득할 수 없었던 거지.

진짜 선택할 시간이 온 거야. 계속 다닐지. 그만둘지. 이제야 하고 싶었던 공부를 시작한 나는 회사에 계속 비중을 둘 수 없다고 판단했고 그만두기로 했어.

식당 일을 오랫동안 하신 엄마에게 나는 직장에 잘 적응해서 나중에 엄마만의 식당을 차려 주겠다고 호언장담을 했어. 그런데 이제 막 1년이 지난 시점에서 그만두겠다고 말하면 엄마가 어떤 반응을 보일지 상상만 해도 슬펐어. 엄마는 꿈을 또 미뤄야 할 테고 지금까지처럼 쓴소리 한 번 안 하고 나를 지켜봐 줄 테니까.

하지만 결국 말했어. 엄마의 반응은 예상대로였어.

"그래, 퇴사하고 뭐할 거니?"

그러고는 내가 좋으면 엄마 본인도 좋다고 말씀하셨어. 늘 그렇듯이. 이런 엄마가 있다는 게 행운이지.

내 사례는 연론사나 정부 기관에서 취업을 촉진하고자 자주 쓰였어. 나의 말이 이슈가 되기도 했지. 그런 내가 여기서 퇴사해 버리면 사람들 눈에 어떻게 비쳐질까 고민도 했는데 그 사람들을 위해 사는 건 아니니까 결심을 굳이 번복하지는 않기로 했어.

다음 날 회사에 얘기를 꺼냈어. 다들 눈치를 채고 있었던 모양이야. 뜨금없이 이 관종이라더니!

1년 6개월, 모두의 걱정 속에서 나의 첫 회사 생활을 마무리했어.

난 지금 학교를 다니며
패밀리 레스토랑에서 일하고 있어.

주문하시겠어요?

사람에게 받았던 스트레스를 사람과 지내면서 해소하고 있지. 어느덧 9개

월째야.

수많은 서비스업 중 패밀리 레스토랑을 선택한 이유는 사실 퇴사 당시에
위킹홀리데이를 생각하고 있었거든.

이곳에서 6~8개월간 일하다가 아프리카로 떠나려고 했어. 내 버킷리스트
중 하나가 줄무늬 티셔츠를 입고 얼룩말과 사진을 찍는 거라서. 그런데 현실적
인 고민과 마주했어. 막상 대학에서 공부를 해 보니까 딱 든 느낌인 거야.
2년 정도 더 공부해 보고 싶어졌어. 회사를 한 번 다녀 보니까 지금 상태로 취
직하면 또 배움의 목마름이 있을 것 같았어.

퇴사하고 나면 하고 싶은 게 정말 많았거든. 그런데 생각만큼 하고 싶은 걸
하지는 못하고 있어. 그래도 이 상황을 피하고 싶지는 않아. 매번 이런 고민이
비껴고 덧붙여지면서 지금의 내가 만들어진 거니까.

퇴사를 후회하느냐고?

순직히 100퍼센트 후회하지 않는다고 말할 수는 없어.

회사 사람들과 지내는 데 크게 어려움도 없었고

학교 다니는 것도 허락해 주셨으니까.

그래서 편층하게 3년 채우고 퇴직금을 받을까도 생각했지.

시제로 동기 한 명은 3년이 지나서

퇴직금을 받고 대학원을 갈 예정이라고 해.

그렇다고 동기가 아낭 부러지는 않아.

동기가 희소해서 보내 시간이 아깝니까

나도 또래에 둘러싸여 그만을 너무면서

성장해 가고 있거든.

그래도 난 모자라고 안은 후에야.

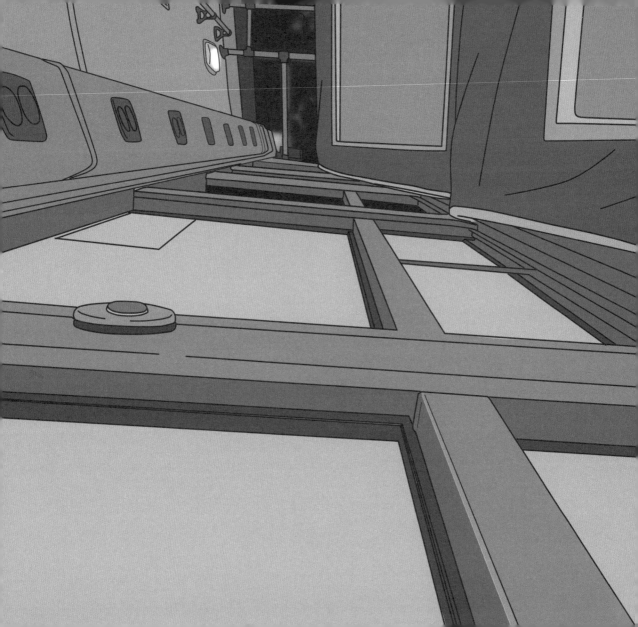

#3

저녁이 있는 삶

나의 직공은 안정된 편은 아니었다. 하지만 채용 규모가 작고 경력을 선호하는 이 분야에는 내가 들어갈 수 있는 틈이 조금도 보이지 않았다. 그나마 신입을 많이 뽑고 규모도 있는 건설업이 눈에 들어왔다. 해당 업계에 지원하려고 하니 업계 선배들이 거칠고 힘드니까 오지 말라고 극구 만류했다.

사람도 많이 오간다고 했다. 하지만 내게 중요한 사항은 아니었다. 오로지 취업이 목적이었으니까.

나는 건설 현장을 오가며 실습을 준비했다. 그리고 얼마 안 돼 합격 통보를 받았다.

현장에 투입된 건 입사 후 3개월째에 접어든 시점이었다. 그사이에는 그룹 연수를 다녀왔다.

그동안 보고 느낀 점 중 하나는 회사가 약속을 지키지 않는다는 것이었다. 분명 월 4회 휴무라고 했느네 동료들을 보면 한 번도 못 쉬는 경우가 태반이었다.

날짜가 정해지지 않은 빛에 어쩌다 쉬는 날이 와도 뭘 해야 할지 몰라 엄청 멀뚱멀뚱거린 보는 게 고작이었다. 6시 반 출근, 빠르면 8시 퇴근으로 근무시간도 적지 않았다. 야근이라도 걸리면 현장에서 자야 했다. 사실 퇴근해도 상시가 있는 사택이라 회사의 테두리에서 벗어나길 못했다. 이런 환경은 시간서를 맞지적거리게 했다.

OJT(On the Job Training, 기업 내 직원 교육훈련 방법의 하나)를 끝마치고 한 달간 이 부서 실무 교육을 받고 있던 어느 날 나는 인사담당자에게 말했다.

"그만두겠습니다."

아직 수습 기간이 있기 때문에 회사 입장에서도 부담이 없을 거라는 판단이 섰다. 인사 담당자는 뭔데도 팀장님과의 면담을 주선했다.

"기대가 많은 사원이었는데 아쉽네."

팀장님은 좋은 일이 있을 거라고 내 아픔을 톡톡 가볍게 두드려 주면 응원하듯 말했다. 불참지 않기로 한 것이다. 같이 일하고 싶었던 분계 이런 얘기를 들으니 아쉬움이 길게 묻어났다. 그렇게 3개월 만에 회사를 나왔다.

다음 직장은 4개월 뒤에 구할 수 있었다. 평소에 관심이 있던 건설 자재를 제조하는 곳으로 역시 안전관리 분야로 들어갔다. 나는 생산 현장 안전 관리뿐만 아니라 안전, 보건과 관련한 모든 업무를 맡아야 했다. 입사 첫날 서류 파일을 40개 정도 받았다. 하필 직속 상사가 나가고 없어서 인수인계는 고사하고 무엇 하나 물어볼 사람이 없던 나는 결재받으러 갈 때마다 깨지면서만 했다. 나의 하루하루는 스트레스로 얼룩져 가고 있었다.

그래도 근무시간은 전보다 나았다. 7시 반쯤 출근해서 현장 한 번 돌고 업무하다가 저녁 7시 반쯤 퇴근했다. 주말도 잘 쉬었다. 어쩌다 가끔 출근하는 정도니까.

문제는 술이었다.

"한잔 할까 이 사원?"

퇴근할까 싶으면 어김없이 상사들은 서류를 불러 댔다. 그에 따라 나도 매일 사택 두 동 사이를 정신없이 불려 다녀야만 했다.

마시는 술 양도 문제였다. 다음 날 술이 깨질 않아 일을 못할 지경이었다. 점심 먹을 때쯤 술이 깨니 정작 집중해서 일한 시간은 다섯 시간 정도밖에 되지 않았다. 지금이라면 취한 척을 했을 텐데 그땐 신입이니 그렇게든 버텼다.

아… 죽을 것 같다…

술자리는 애빈 11시까지 이어졌다.
샤스틀과 승를 마셨지만 지훈은 계속 생각났다.
샤스틀에게 애빈 언어먹고 언어 달 수만은 없으니까.

술 먹는 시간까지 업무의 연장이라고 했을 때
은 전혀 내맘의 시간은 갖거는 가시간이 전부였다.
야자잔이 언느 저젼미 처럼 다나고 다냈던 짓에
6시 반에는 일어나야했다.

자아사랑이라는 꿈 가운 건

애초에 내게 주어진 선택지에 없었다.

돈을 버는 것만이 중요했다.

그래서 자신과 맞지 않는 이관계를 선택했다.

그러나 저녁마저 회사에 투자할 생각은 없었다.

직장 다니면서 저녁에 취미 생활이라도 하면

그나마 위로가 될 것 같았는데

술뿐인 삶이라니.

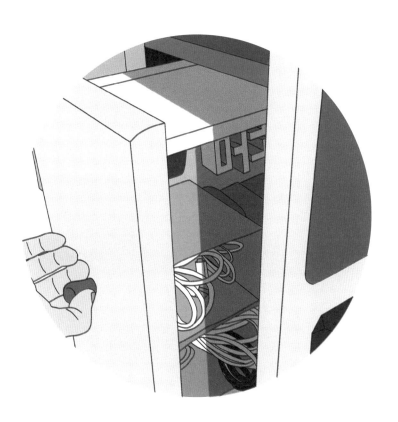

여기에 서류 업무는 항상 두 배로 내게 안겨졌다. 나는 이 생활을 이어 가고 싶지 않았다.

"늦기 전에 공기업에 도전해 보고 싶습니다."

나는 관리팀 차장님께 면담 요청을 한 후 이렇게 말씀드렸다. 차장님은 달래듯이 "조금 더 여기에 있다가 가는 게 경력도 쌓이고 좋지 않겠냐"고 회유했다. 하지만 단호한 내 모습을 보고는 이내 붙잡기를 포기하셨다. 공장장님도 쓴소리를 쉬긴 했지만 존중해 주셨다. 힘든 환경이라 그런지 결국엔 이해해 주시는 것 같았다.

두 번째 직장을 나온 지 3개월이 되었다. 지금은 공기업에 들어가고자 관련 자격증을 취득하고 필요한 교육도 받고 있다. 어느새 하반기 공채 시즌까지 3개월 정도 남았다. 초조해졌다. '눈을 낮추고 어디라도 들어가야 하나?' 하는 생각이 수시로 내 머리를 때리고 있다. 경제적으로 여유가 있으면 모르겠지만 그게 아니니까. 그래서 가끔은 더 버티면서 돈을 모으고 나오는 게 맞았나 하는 생각을 한다. 하지만 퇴사를 후회하지는 않는다.

내가 바라는 건 딱 하나다.

개인 시간.

내가 혼자영을 가려는 이유도

바로 개인 시간 때문이다.

혹시라도 몰라도 본심이 되니까,

솔직히 일분까지 생각하지도 않는다,

사람답게지는 것, 그거면 만족한다.

그만두어도 괜찮은 걸까, 나?

#4

내가 왜 이렇게까지 괴로워해야 하는 거지?

원래는 대학원 과정을 밟을 생각이었어요. 그래서 대학교를 졸업하고 부설 연구소에 있었죠. 하지만 금세 이웃 생활에 염증을 느꼈어요. 보통 연구소면 이상적인 결과가 나올 때까지 보고서를 수정하거나 의원진들과 회의를 하잖아요? 그런데 제가 있던 곳은 사업을 때에 임장이니 여겨 줄여야인터뷰에 맞춰야 한다고만 했어요. 이럴 때에는 차라리 회사가 낫겠다 싶었죠.

취업 시장은 막지에도 그리 좋지는 않았어요. (물론 지금보다는 나았을 거예요.) 다행인 건 주변에 취업한 동기와 선배들이 꽤 있어서 조언을 얻을 수 있었고 학교로도 취업 지원 시스템이 잘되어 있었어요. 이 정보들을 최대한 이용하면서 서류와 면접을 준비했죠. 제가 준비를 잘한 모양이에요. 입사 첫날 회사 사람들이 그러는 거예요.

"네가 그 대단한 애구나."

부담이 엄청 되더라고요. 괜히 기대치를 높여 놓은 것 같아서.

제가 들어간 회사는 B2B(Business to Business) 영업을 하는 곳이었어요. 간단히 말해서 우리 제품을 파는 매장들을 관리하면서 매출을 뽑아내는 거죠. 매장에서 고객시를 대상으로 제어을 따오면 우리는 매장과 협상해서 적정한 가격을 정한 뒤 최종 제어을 하는 구조예요. 매장도 이윤이 남고 우리 부서도 목표 매출을 달성하도록 해야 하죠.

가장 힘들었던 건 사람들과의 관계였어요. 주 고객사가 건설사였는데 대체로 스타일이 매우 거칠거든요. 그리고 대부분의 회사가 그렇겠지만 사원급은 편한이 별로 없었어요. 가격대를 제안하려면 윗선에 있는 분들에게 승인을 받아야 하죠. 매장도 이점 있았어요. 그래서 저를 엄청 귀찮게 생각했고 저는 저기서 오는 스트레스가 상당했어요. "지희 제품 좀 팔아 주세요" 하고 제가 사정하면 매장 담당자는 "우리가 이번에 모 회사랑 거래하는데 매물이 보장되는 건이에요. 믿고 단가 좀 낮춰 줘요" 하고 조건을 거는 식이었어요. 자기들도 힘

50

들다는 거죠. 그 말을 믿고 단가를 낮춰 주면 나중에서야 한 사업장이 아니라 다

섯 개 사업장을 묶어서 말한 걸 알게 되는 거예요. 이러면 주소가 여러 곳이 되

면서 배송비 부분에서 문제가 생기거든요. 결국 저는 그 일로 사람서를 쓰고

나중에서야 매장은 사과한고……

이게 몇 차례 반복되었어요. 어느 날 과장님이 말했어요.

"내가 아직 세상 물정을 모르고 마음을 줘서 그래. 나중에는 무뎌지고 괜찮

아질 거야."

과장님은 본인도 비뻐는데 부탁드리면 항상 도와주셨고 같이한 일에 대해서

는 절대 잊지 않고 사람들 공을 챙겨 주는 좋은 분이거든요. 제가 조경하는 분

이기도 한데 그 말만은 쉽게 받아들여지지 않았어요. 저는 군이 몇 년씩 이렇

게 일하면서 감정이 무뎌지고 싶지 않았어요. 일이 저와 맞지 않는다는 것도

충분히 알게 되었고요. 시설 가장 괴로웠던 건 업무 시간 외에도 시도 때도 없

이 전화를 받아야 했다는 거예요. 내 시간이 없었죠.

생각이 행동으로 미쳐 길 일한 지 1년 만째에 접어들면서부터예요. 그 전

까지는 이만한 연봉에 복지와 대출 제도까지 갖춰진 일자리를 또 구할 수 있을

까 싶어서 쉬이 사직서를 내밀지 못했어요. 사람들이 하는 말도 무시 못했죠.

"네가 여기서 나가떨어지면 그저 낙오자가 될 뿐이야. 버티면 더 올라갈 수 있는데 왜 낙오자가 되려는 거야?"

낙오자는 곧 실패한 사람이 되니까 괴로운 일이 있어도 꿋꿋하게 버텼죠.

그러다 문득 이런 생각이 들었어요.

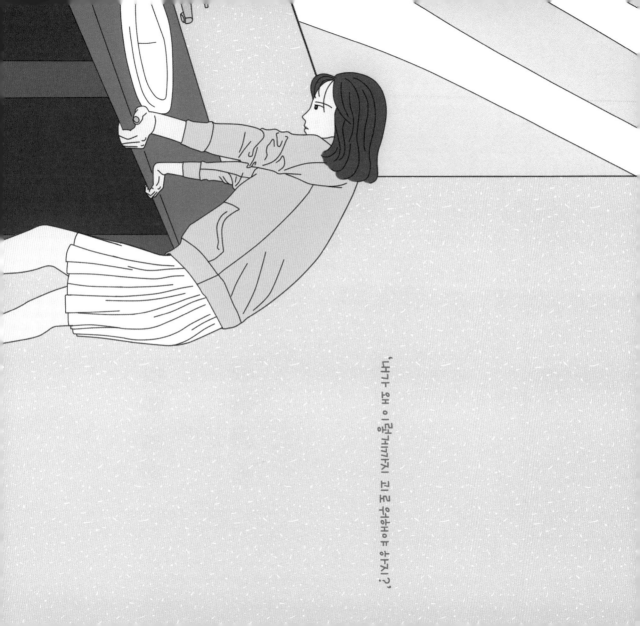

'내가 왜 이렇게까지 피곤 안해야 하지?'

그만두겠다고 말했어요. 최고의 태도로. 그런 저의 태도에 있사람들도 더는 퇴사를 말리지 않았어요. 헤어지니 아쉽다면서 어딜 가서도 성공할 거라는 인사치레로 답이 끝났죠. 제가 빠져도 괜찮을 만큼 대체 인력이 회사에 있었거든요.

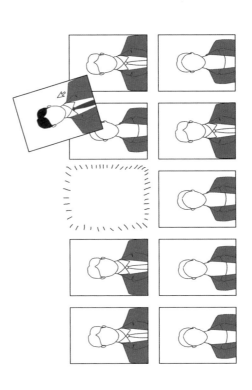

그리고 애초에 신입 사원의 퇴사 비율이 높은 회사였거든요. 회사 사람들도 이런 흐름에 익숙해졌을지도 몰라요.

퇴사 후 쉬고 싶다는 생각에 해외여행을 떠났어요. 그렇게 약 3개월간 돈과 마음을 정리하고 다시 구직 사이트에서 들어가고 지원하기 시작했어요. 그런데 취업이 안 되더라고요. 초조한 마음이 들었어요. 그때 전 회사 사람들의 말이 떠올랐어요.

"나이가 스물이홉인데 괜찮을까?"

여자로서 경력도 없는 채로 그만두면 힘들 거라며 바텐더라고 했거든요. 설마 그럴까 싶었는데 그런 일이 벌어졌어요. 한 외국계 지원 자기업 면접을 보러 갔는데 나이가 서른이라고 하니까 면접장에서 대놓고 그동안 뭐했냐며 면박을 주기도 했고요. 그리고는 다른 사람을 서류를 훑고 나서 한마디 더 하더라고요.

"아, 예약이 된 거라며."

진짜 여자로서 한계를 느껴야만 했어요.

그 와중에 어머니가 병원에 입원하셨어요. 병간호로 한동안 정신없이 지내야 했죠. 그렇게 한 해가 넘어가니 병세가 조금은 호전되더라고요. 다시 취업 일변이 찾아왔어요.

저는 박차는 대로 입사 지원서를 제출했어요. 그렇게 지금 회사에 들어왔어요.

이곳에서 제가 맡은 업무는 사업 관리예요. 사업을 지속할 수 있도록 매출보고서를 통해서 나아갈 방향을 잡아 주는 일이죠. 이 방향을 토대로 해당 사업부는 일을 진행해요. 만약 난관에 부딪히면 저는 다시 방향을 잡아 주는 역할을 하는 거예요. 일종의 컨트롤타워예요. 전 회사와 비슷해 보이지만 다른 건 비전을 다룬다는 거예요. 연봉은 줄었어도 전 회사보다 스트레스는 덜 받아요.

퇴사를 후회하느냐고요?

아뇨.

그땐 연봉을 많이 받아도
그만큼 병원비로 다 나갔거든요.

여긴 적어도 그럴 필요까지는 없어요.

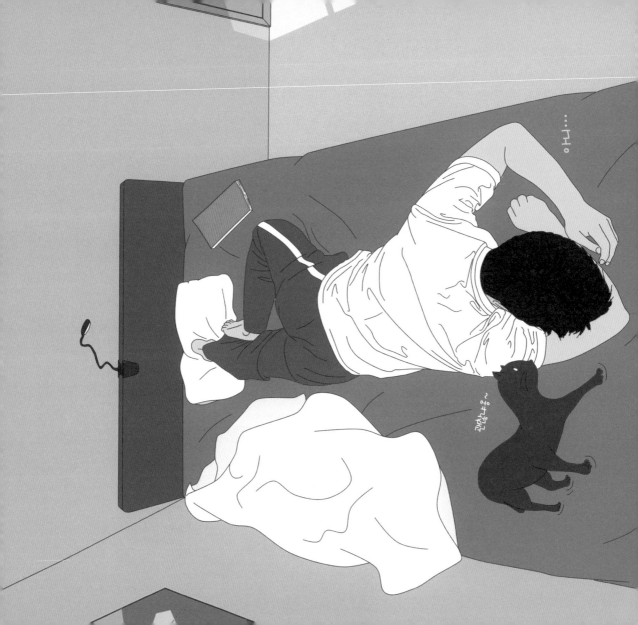

#5

나를 돌아볼 시간을 갖지 않았다는 생각이 들었다

졸업하면 취직. 이 아빠깜으로 굳이 사이트에서 공고들을 뒤지고 있었다. 분명한 서비스업. 사무실에서 컴퓨터 키보드를 두드리는 건 영 적성에 맞지 않을 것 같았다. 내세울 만한 나의 이력은 나이뿐이었다. 하나 더 붙일이면 자신감 정도였다.

한창 시절 계속 임원 생활을 했고 커뮤니케이션과 관련해서 나름 경력을 쌓았다고 생각했다. 그런데 막상 의사 지원을 하려고 보니 제출할 자료가 없었다. 남들이 토익 점수를 딸 때 나 역시 많은 활동을 했지만 그 활동을 증명할 만한 자료가 없었다. 나는 수많은 회사로부터 미안하다는 말을 들어야 했다.

이런 상황에서 합격이라는 말을 듣은 것은 생각지도 못한 화장품일계였다.

나는 뷰티 컨설턴트로서 오프라인 지점에서 직접 손님을 응대하면서 피부 상담이나 관리를 해 주는 일을 담당했다. 하지만 화장품이라고는 스킨로션밖에 몰랐고 이런 나를 회사에서는 하나부터 열까지 교육해야 했다. 여기에 수입 화장품을 판매하는 매장인 탓에 외국인 손님이 많아 영어 공부도 해야 했다. 그럼에도 일하는 데는 크게 어려움이 없었다.

즉 내가 퇴사한 이유는 업무 때문이 아니었다. 당시 나는 교제 중인 여자 친구가 있었고 결혼을 생각하고 있었다. 하지만 지금 받는 급여로는 결혼 생활을 유지할 수 없을 것 같았다. 세 명이 돌아가면서 쉬는 탓에 쉬는 날도 일정치 않았고 여자 친구와 만나는 횟수가 줄다 보니 혼자 이런저런 고민하면 많아지면서 점차 어두운 생각들이 자리하기 시작했다.

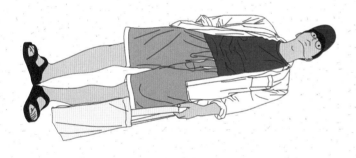

'건강해서 먹고 살 수는 있을까?'

'가정을 꾸리고 생활을 이어 가는 게 가능은 할까?'

연봉을 생각하니 심히 빠듯했다. 이런 와중에 교통사고가 크게 나서 진자

두 달 진단을 받았다. 병원을 오가야 하는 상황이었지만 회사에는 나를 대체할

인력이 없었다. 전문직이라 아르바이트생을 쓸 수도 없었다. 만약 내가 빠진

다면 다른 두 명이 쉬는 날 없이 일해야 했다. 결국 새벽에 진통제를 맞고 출근

해서 점심 먹으러 나갈 때 물리치료를 받는 생활을 이어 갔다. 그사이 두 명 중

한 명이 신혼여행을 떠났다. 이렇다 보니 다친 몸으로 연속 열흘을 출근해야

하는 상황이 벌어졌다. 문득 이런 생각이 들었다.

'이정도 굴여운드 미래게도 출축시협시한덴데

지금 내 겨나린 상태도 부자오 욱 안오몜

이게 시람 사는 거가?

이러려코 다음 회사에에 다나는 거가?'

나 아니면 안 된다는 부담감이 상당했다. 그래도 이건 아니었다. 희생한다고 내가 얻는 건 없었다. 언제까지 내 몸을 혹사하면서 일을 할 수는 없었다. 그것 때문에 나를 잃을 수는 없었다.

마음은 이미 회사를 떠났다. 다만 부모님이 마량수울 맴돌았다. 부모님은 내가 회사를 다니는 것에 안심하고 계셨다. 그런데 아무런 준비도 없이 회사를 나오면 어떤 반응을 보이실까? 고민 끝에 부모님의 반응을 확인하기로 했다.

"그래도 오래 다니다 보면 배울 게 있지 않겠니? 있다 보면 승진도 할 것이고 그렇게 자연스럽게 흘러갈 거야."

한편 여자 친구는 내가 너무 힘들어 하니 쉬는 게 좋겠다고 말했다.

이런 고민들은 출근을 하면서도 계속되었다. 과장님은 도와 달라며 사정을 했다. 하지만 과장님을 제외한 대부분은 나의 고민에 고개를 끄덕였는데 특히 5, 6년 차 매장 동료들은 조언까지 해 줬다.

"나갈 수 있을 때 나가야지. 여기서 1, 2개월 더 있겠다고 말하는 순간 우리처럼 된다."

1년 차 때부터 나가고 싶었지만 주변 눈치만 보다 어느덧 서른이 넘어가고 그렇게 결혼해서 지금까지 있다는 몸은 고민을 시점이 지났다고 판단하고 있

66

었다. 돋은 한마디를 더 보태면서 나의 결심에 쐐기를 박았다.

"네가서 아르바이트를 한다더라도 내가 하고 싶은 걸 해. 당장 확실한 꿈이 없어도 나가면 봐."

무슨 진정으로 나를 돌아볼 시간을 찾지 않았다는 생각이 들었다. 경영학 전공으로 대학교를 졸업하고 죽의 눈치에 쫓기듯 취업하고…. 나는 무엇을 위해 아침마다 고생하며 회사에 나갔을까? 고민투기도 했다.

마지막 줄고 말
일을 끝내고 나와서
느낌의 매검을 바리봤다.

이제 저기 ㅇㄹ 들이다!

퇴사 후에는 기분 전환 겸 한동안 여행을 다녔다. 그사이 나만의 스타일과 목표를 확립하고자 했지만 욕심이었다. 다양한 삶을 이해하는 폭이 넓어졌을 뿐 나를 찾는 건 그리 간단하지 않았다.

매장 동료들의 말대로 아르바이트를 시작했고 번 돈으로 기술을 배웠다. 마침 가족이 전기 관련 일을 하고 있어서 그쪽 자격증을 취득하고자 한 것이다. 전력 회사를 세우자는 얘기도 나왔다. 전공이 경영이니 보탬이 되지 않을까 싶기도 했다. 회사에 다닐 때는 생각도 해 보지 못한 방향이라 얼떨떨했다.

전공인 경영은 기술을 배우는 데 조금도 도움이 되지 못했다. 돌이켜 보면 경영은 나중에도 배울 수 있는 전공이었다. 조직의 위에 서면 모를까, 말단에서는 이 경영학을 쓰기가 참 애매하다. 밑에서 시작하는데 경영이라니…. 주위에 컴퓨터공학을 복수 전공해서 애플리케이션을 만드는 친구들이 있다. 이 친구들에게는 쓸모가 있을 것이다. 하지만 이 외에 전공을 살릴 다른 길은 쉬이 보이지 않았다. 내가 뭘 할 수 있는가를 진작 생각하지 못한 나를 제적질했다.

그래도 나는 지금의 결정에 만족한다. 경영화괴를 내와서 기술을 배우는 게 힘들지 않느냐고 묻는 사람들이 있다. 물론 쉽지 않다. 그럼에 마음이 힘든 것보단 몸이 힘든 게 낫다. 회사에서는 몸도 마음도 힘들었다. 이제는 내가 주체가 되어서 일한다고 생각하니 내 인생을 사는 것만 같다. 지금 경제적으로 많이 부족함을 느끼고 있지만 돈이야 이르바이트를 해서라도 벌면 된다.

중요한 건
기술 배우는 일을
즐기고 있다는 것이다.

"바느질 좀 배웠니?"

#6

2년이 되어도 나아지는 건 없었어

졸업을 앞두고 고민이 많았어. 바로 취업할까, 기다릴까?

마음에 드는 회사의 공고는 뜨지 않았지만 내가 생각한 기준과 맞는 회사는 보였거든. 거기에 취직했어. 통신공사업체도, 나는 그곳에서 부가세 신고 · 연말정산 · 월별 매출 관리 · 감사 등의 업무를 담당했어. 일을 하는 데 크 문제는 없었어. 근무 시간도 잘 지켜졌고.

문제는 출퇴근이었어.

화사까지 한 시간 반 정도 걸렸는데 여자들은 특성상 준비 시간이 꽤 길잖아. 이것저것 다 따져 보면 적어도 두 시간 반 전에는 일어나야 하는 거야.

사실 주변에도 출퇴근 시간이 이 정도 소요되는 사람은 많더라고. 그런데 사람마다 견딜 수 있는 정도가 다른 것 같아. 내 경우에는 정말 힘든 넘은 지하철 계단을 오르는 것도 힘들었거든. 너무 어지러워서. 출퇴근할 때 이 기분을 자주 느꼈어.

그래서 자취를 생각했어.

72

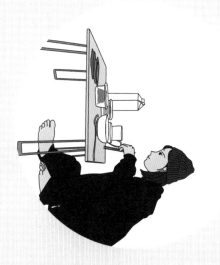

출퇴근 시간을 줄이는 방법은 이것뿐이었으니까.

그런데 회사를 다니다 보니 또 다른 문제가 생기더라고. 서수인 매리님과 너무 안 맞는 거야. 그분의 성격이 아니라 업무 스타일이 내겐 너무 부담으로 다가왔어. 항상 일을 한 번에 몰아서 주셨거든. 실수가 자주 발생해서 나눠 달라고 해도 요지부동이었어.

한 번은 매리님이 지시한 대로 했더니 왜 그렇게 하느냐며 뭐라 하기까지 하더라. 처음에만 해도 괜찮았는데 시간이 지날수록 매리님이 불편해졌어.

그렇다고 매리님을 싫어하거나 그러진 않았어. 매리님이 이해되지 않는 것도 아니었으니까. 매리님 역시 부장님이 하던 업무를 거의 떠맡아서 해야 했거든. 일은 내리물림인데 월급은 전혀 분배되지 않는 이 상황이 너무 싫더라.

어느 날인가 일이 너무 힘들어서 매리님에게 월급에 비해 너무 많은 일을 하는 것 같다고 말한 적이 있었어. 그랬더니 매리님이 그러시더라고.

"다 그렇지 뭐."

그래서 다시 매리님에게 "그래도 매리님은 많이 받으시잖아요" 하고 말했더니 매리님이 그러시더라고.

"처음 들어왔을 때와 크게 달라지지 않았어."

그 말에 그만두야겠다고 많이 고민했어. 일은 힘든데 월급은 짜고, 출퇴근도 버겁고. 그런데 당장 그만두기에는 배운 게 너무 없더라고.

74

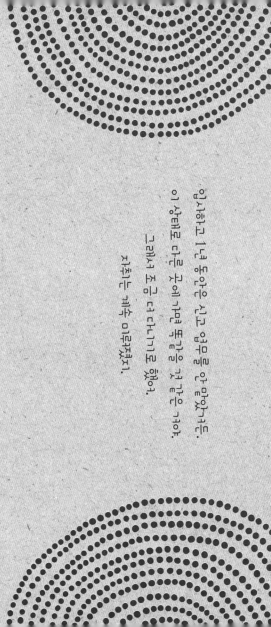

입사하고 1년 동안은 신고 엄두를 안 말았거든.
이 상태로 다른 곳에 가면 통까운 걸 탈는 거야.
그래서 조금 더 다니기로 했어.
지치는 계속 미루었지.

결국 2년 차가 되었어.
여전히 업무상 변하는 건 없었어.

퇴사를 결심했지.

퇴사하는 과정에서 크게 걸리는 건 없었어. 다만 누군가에게 말씀드리기가 조금 어려웠지. 다행히 엄마는 내가 하고 싶은 대로 하라고 하셨어. 아빠는 정기도 안 좋은데 말하는 거 보니 그 정도면 다닐 만한 거 아니냐며 만류하셨어. 그래도 선택은 내가 하라고 했지. 나는 고민 끝에 고민부기로 결정했어.

그러고 나서 대리님께 얘기했어. 퇴사할 예정이라고. 대리님은 큰 동요 없이 알았다고만 말씀하시더라.

하지만 상무님은 놀라시면서 왜 갑자기 퇴사하느냐고 그런 기미를 보이지 않았는데 무슨 문제가 있느냐고 물어보셨어. 나는 몸이 안 좋아졌다고 말했어. 상무님은 한편 더 만류하셨지만 난 고개를 저었어. 결국 상무님은 이 상황을 인정하셔야 했지.

여러 사람이 면접을 보러 왔어. 내 자리에 앉을 사람을 뽑기 위해서였지. 그런데 대리님과 상무님 마음에 드는 사람이 없었나 봐. 엔지 인수인계가 길어질 것 같았어.

그래서 나는 그만둘 날짜를 두 분과 확실히 정하고는 인수인계 사항을 파일로 작성했어. 두 분은 표정한 동료들이 의수하면서 좋은 말을 해 주시더라고, 너무 고마웠어.

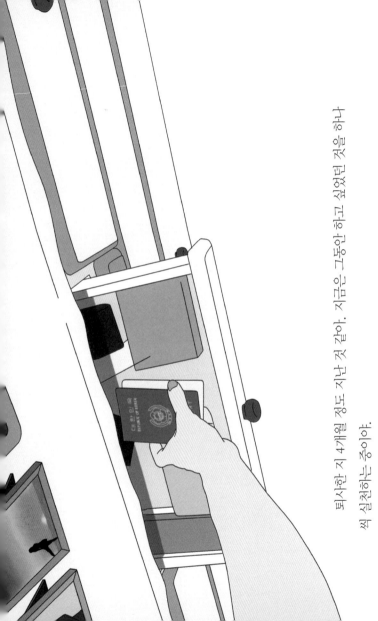

퇴사한 지 4개월 정도 지난 것 같아. 지금은 그동안 하고 싶었던 것을 하나 씩 실천하는 중이야.

먼저 유럽에 다녀왔어. 그리고 돌아오자마자 영어 학원을 끊었지. 유럽에 서 막상 외국인들을 만나니까 영어가 입 밖으로 나오지 않더라고. 좋은 계기가 생긴 거지.

수영도 등록했어. 예전부터 배우고 싶었거든. 커피 내리는 것도 해 보고 싶 어서 카페 아르바이트를 지원했고 지금 하고 있어.

퇴사를 후회하느냐고? 천혀.

78

그래도 언젠가는 취업을 해야겠지?

그때는 두 가지를 신경 쓸 거야.

하나는 적성. 다른 하나는 거리.

사실 필요한 자격증을 따면서

조금씩 취업도 준비하고 있어.

하지만 천천히.

지금은 이 행복을 유지하고 싶은 마음뿐이야.

#7

나도 모르게 안주하고 있었다

건설업 현장에서 전기 분야 관리직을 하고 싶었다. 그에 맞춰 자격증도 전기기사랑 공사기사를 따 놓은 상태였다. 그러나 졸업할 시기가 다가오자 빨리 취업을 해야 한다는 부담감이 찾아들었다. 장남인 만큼 손 놓고 있으면 안 되겠다는 생각이 들었다. 그때 마침 학교의 추천 채용 공고가 눈에 들어왔다. 모 제조업체의 연구개발직. 바로 이력서를 제출했고 엄마 뒤 합격 통보를 받았다.

회사는 생각보다 괜찮았다.

위치도 신도시에 있었고 환경도 깔끔했다.

쉬는 날도 많았고

퇴근도 7시 45분에서 8시 정도로 아주 늦지는 않았다.

그런데 어느 순간 내가 무서워졌다.

'곧에 내 모든

서른 잔까지는 해 보고 싶은 일을 다 해 보자였는데

나는 얼써 지금 생활에 만족하고 있는 건가?'

어느새 안주하는 생활이 몸에 배어 있었다. 업무에 흥미를 느낀 적이 한 번도 없음에도 불평 한 번 하지 않는 나를 발견한 것이다.

이 회사의 문제는 모터가 만들어진 지 300년가량 되다 보니 새로운 제품이 더 이상 나올 게 없다는 데 있었다. 시장마저 레드오션이라 기존 제품을 조금 변형하는 정도에 그쳤다. 그러다 보니 업무는 항상 같았다. 시간이 지난다고 해서 무언가를 더 많이 배울 것 같지도 않았다. 이직을 결심했다.

부모님은 "있지 왜 나오느냐"고 하셨다. 예상한 반응이었다. 내가 부모님이라도 그랬을 테니까. 하지만 부모님의 말씀을 들으면서도 하고 싶은 일이 머릿속을 떠나지 않았다. 그래도 섣부르게 사표를 쓰진 않았다. 회사 일을 하며 하반기 공고를 대비했다. 쉬운 일은 아니었다. 어쩌다 면접이 잡혀도 일을 대로 해야 하니까 준비가 수월하게 될 리가 없었다.

그런데 한 건설사에서 서류 합격 연락이 왔다. 면접은 다음 날. 하필 서류 합격 연락을 받은 날 야근을 해야 했다. 준비는 둘째치고 면접을 보러 가야 할지가 걱정이었다. 결국 "꼭지 못할 사정이 있습니다"라는 애매모호한 이유를 대고 회사를 빠져나왔다.

다행히 직년에 한 번 지원했던 곳으로
왜 떨어졌는지를 대략 파악하고 있었다.

나는 총 세 번에 걸친 면접을 마치고 마침내 합격 통보를 받았다.

별 탈 없이 이직했다면 좋았겠다면 어김없이 문제가 발생했다. 세 번 면접을 보는 동안 이름흥가도 께 있다 보니 합격 발표가 늦어졌다. 최종적으로 입사일도 한참 밀려있다. 그사이 지금 직장에서는 수습 기간이 끝났다. 회사를 그만두려면 아무리 못해도 한 달 전에는 사직서를 제출해야 한다. 그게 도리니까. 그런데 합격한 회사에서 당좌 답신이 없었다.

최종 합격 발표가 이뤄진 것은 입사일 이름 전이었다. 나 역시 이름 안에 퇴사해야 하는 상황이 되어 버린 것이다. 이 상황에서 욕마는 건 어쩔 수 없었다. 평소 잘 지내던 동료들이 "왜 갑자기 그만두는 거냐", "무슨 일이 있느냐" 물었을 때는 솔직하게 얘기하지 않을 수 없었다. 미리 사직서를 내고 싶었지만 혹시 불합격되면 다시 취업 준비를 해야 해서 망설여졌다고, 그렇게 이 상황까지 왔다고, 죄송하다고···.

팀장님은 사직서를 제출하러 온 나를 계속 붙잡았다. 결국 나는 또 한 번 들어갈 회사가 있다는 사실을 얻었다.

"네 뜻이 그렇다면 어쩔 수 없지."

86

그렇게 내 시표는 수리돼있다.

지금 직장으로 옮긴 것을 후회하느냐고?
조금은.

출근 시간은 한 시간 앞당겨졌고
공사 현장은 생각보다 거리가 멀다.
흥흥 하는 죽소 생활에서
근데 주어도 떠오른다.
진 직장의 장점은
지금 직장의 단점이 되어 버렸다.
몸도 힘들다.
그런데 이 많은 후회가
단 하나의 이유로 상쇄된다.

내가 하고 싶은 일이라는 것.
그것 때문에 비밀 말한다.

피곤해도 이제야 사람답게 사는 것 같다!

8

여자라는 이유만으로

언제 끝날지 모르는 취업 준비에 지칠 무렵 학교에서 추천 채용을 진행했어. 엔지니어링 전문 업체, 설계직. 자동차 산업을 생각했던 나로서는 전혀 준비된 게 없는 채용 분야였지. 요즘이야 플랜트 산업 교육과정이라는 게 있지만 내가 취업을 준비할 때만 해도 그런 게 없어서 정보를 얻기 쉽지 않았어.

그럼에도 기아졌다는 생각이 들었어. 이쪽은 없어. 분위기에 편승했는지도 몰라.

일사 초기에 일이 안 맞는다는 생각이 들긴 했어. 그런데 시작한 지 얼마 되지도 않았으니까 아직 뭘 판단할 때는 아니라고 느꼈어. 버텼지. 일이 많아도 내가 일을 못해서 쌓이는가 보다 했고. 배우는 단계니까.

공부와 일에 치여 가면서 정신없이 시간을 보냈어. 그렇게 3년 차가 되었지. 재밌는 건 뭔지 알아? 도무지 일이 줄지 않았다는 거야. 일을 못해도 3년 내내 못할 수는 없잖아? 그리고 사실 그 정도로 못하면 회사에서 내보내지 않겠어?

죄송합니다…

으르렁이…

나중엔 정말 미칠 것 같던데. 사실 지금도 믿을 않았거든? 하지만 업무 강도는 그대로였어, 이게 가장 컸던 점이었어.

사실 이 회사는 업무 외적으로도 감정 노동이 꽤 많아. 동료와 경쟁을 부추기거든. 마침 업계가 내게 들어온 시기부터 침체기로 접어들었어. 스부도 이미 침체기 있었고 세계경제가 안 좋아 보니 경영이 심화되었어. 경쟁이 심화되면 어느 업종이든 가격을 낮춰줘야. 그래서 정작 공사는 따냈는데 공장을 짓지도 못할 정도로 적자를 본 업체도 있었어.

이 현상이 이어지자 회사에서는 자꾸 뭘 시키기 시작했어. 자격증을 따라, 교육을 나가서 성과를 내라 등 스펙을 요구하더라고. 그럼 나는 업무 처리하기에도 바쁜데 자격증을 따고 성과까지 내야 하는 거야, 이럴 기준으로 순위도 매기고, 결국 편 가르는 분위기가 형성되었어.

여기에 여자라는 이슈만으로 온갖 기분 나쁜 상황들을 견뎌야 했어. 거대하는 험악 업체 사장님 대부분이 4, 50대 아저씨인데 수화기 너머로 내가 여자인 걸 알게 되는 순간 일단 무시했어. 여자라는 이슈만으로 나와 관계없는 미팀에 불려 가기도 했지. 대외적인 구실은 공부할 겸이었어. 그런데 기고 나면 여자가 있으면 분위기가 좋아서라고 아무런 앙심의 기색 따위 없다는 듯이 내 스케를 때으는 거 있지? 웃자리에 대해서도 꾸준히 지켜봤어. 어느 정도 연차가 쌓인 후부터 편하게 입고 다녔는데 어느 날 숲자리에서 한 과장이 그러는 거야.

"네가 그러면 안 돼. 어떻게 윗사람에게 잘 보이려는 액션이 없어?!"

나는 어처구니없다는 표정으로 "무슨 액션이요?" 하고 대답했지. 그랬더니 숲자리에서 나를 평가하는 위치에 있는 사람들에게 아부 떨고 그런 걸 안 한다고 꼴불견이라더라. 나 참 기가 막혀서. 표정으로 그만하라는 티를 내고 있는데도 아랑곳하지 않고 한마디 더 덧붙이더라.

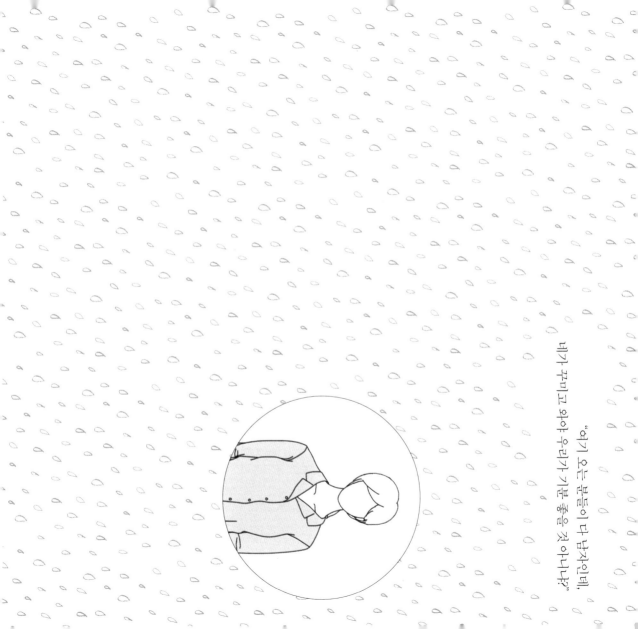

"여기 오는 분들이 다 남자인데,
네가 꾸미고 와야 우리가 기분 좋을 것 아니냐?"

· 차라리 낫겠다라고.

· 그저 세대차이라 문자메시지를 생각하니 편이

나중에는 나도 저 자식처럼 체벌이 생각났었지.

있을 리가 없지. 미친조차도 보이지 않았어.

손가락에 힘을 주어야 하는데

· 있었어. 손이 주머니로 꼬 주머니 손이 들어가고

고 싶었지만 나는 참지 못했어.

혼자서는 이건 일들에 대해 참고 있을 수 없었어.

말 이야기를 들을 수가 없었지.

는 한때 부모님이 학원을 다니가 신다고"

"어쩌다 있어야 학원을 다니가 신다고"

은 근 어려움이 있을 수밖에 없었던 근 근황이

내 동생아이유를 하나만 꼽을 수는 없어.

과도한 업무, 경쟁을 부추기는 근무 환경,

너져 죽으의 기업 문화

모두가 총체적으로 만들어 낸 결과물이었어.

그럼에도 대책 없이 그만둘 수는 없었어. 나이도 신입으로 들어가기엔 늦었고 경력으로 이직은 이미 동종 업계가 구조 조정이란 상황이라 어려울 듯싶었어. 그렇다고 협력 업체에 들어갈 수도 없었어. 그럴 게 눈에 보였으니까.

문득 대화를 다닐 때 다른 업종과 관련해 떠 놓은 자격증이 생각났어. 그쪽 일을 하는 지인에게 물었더니 행복하다는 답변이 돌아왔어. 다만 급여는 현재 내가 받는 수준보다 훨씬 낮게 받고 있었어. 그럼에도 그 일이 끝났어. 휴식이 보장되는 삶이니까.

회사를 그만두겠다고 주변에 말했더니 후배들은 많이 아쉬워했어. 무슨 일이 있을 때마다 용기 내서 말해 준 사람이 나였으니 그럴 만도 했지. 반면 선배들은 미지근한 반응을 보였어. 한 선배는 무심한 표정을 하고 다소 강한 어조로 이렇게 말했어.

"여기서도 못 버티는데 다른 곳에 가면 더 못 버티지 않겠니?"

그분과 대화하면서 한편으로는 이런 생각이 들었어.

'이 사람도 나만큼 힘든 일이 많았을 텐데 생각이 상황에 맞게 변하고 굳을 싶구나.'

왠지 남는다면 이 선배처럼 될 것 같았어. 퇴사해야겠다는 마음이 더욱 확고해졌어.

98

마침내 상사에게 말했어.

"그만두겠습니다."

그분은 엷은 웃음을 띠며 이렇게 말했어.

"이럼데, 정 많이 들었는데."

아무것도 묻지 않던 신입 사원을 몇 년간 키우면서 많이 힘들었을 상사는 자식 키우는 마음이었다며 "무얼 하든 잘해" 하며 어깨를 토닥여 줬어. 난 이런 상사에게 폐를 끼치고 싶지 않아서 후임자를 뽑을 때까지 인수인계 파일을 정리하며 업무를 했지. 그렇게 퇴사 일주일 전까지 야근하면서 처리하니까 겨우 끝나더라.

지인에게 퇴사 얘기를 꺼냈더니 이렇게 말하더라.

"불안하고 힘든 시기를 거쳐서 들어간 회사인데 어떻게 아무 미련 없이 퇴사할 수 있어?"

나는 말했지.

"내가 그만둬야겠다는 생각이 들 정도로 안 힘들어 봐서 그래."

실제 나는 당시에 상사에게 이런 말까지 던졌더랬어.

"늘 이제 새로운 영역으로 넘어가는 것 같아요."

정말 4년 반 동안 열심히 일했어. "여자라서"라는 말을 듣지 않기 위해 더 이를 악물고 일했어.

지금은 대충 일종으로 가기 위해 공부 중이야.

퇴사한 걸 후회 안 하느냐고? 전혀. 퇴사 이후에 전 회사 사람들을 한두 번 본 적이 있어. 삶이 피곤하고 재미없다는 게 얼굴에 쓰여 있더라. 사실 누구나 그만두고 싶을 거야. 하지만 그러지 못하지. 아니, 안 하는 게 현명한 결정이 야. 그만둬 버리면 이런저런 문제가 발생하니까.

너도 그럴 줄 알았지만 다행히 큰일은 벌어지지 않았어. 돈이야 좀 없으면 아르바이트 해도 되는 거고, 결혼도 하지 않았고 당장 아이도 없으니까. 어른들이 그러더라고.

"그럼 뭐든 해도 돼."

종종 친구들이 퇴사한 나에게 기분을 물어.
난 좋다고 말해.
그러고는 이렇게 말하지.
"너도 퇴사해. 대신 대책은 세워 두고 나와야 해."

9

지금이 아니면 평생 주저앉아 있을 것만 같았어요

합격할 거라는 생각은 안 하고 있었어요. 면접 때 기분 질문만 받았거든요. 질문은 많이 받는 지원자들은 하나같이 이쪽 업체에 부모님이 종사하고 있었죠.

'저런 사람들이 가는 곳이구나.'

어려움과 서운함을 안고 집에 돌아왔어요. 그리고 며칠 후 합격 통보를 받았죠.

솔직히 원하던 회사는 아니었어요. 그렇다고 정말 가고 싶은 회사가 있는

것도 아니었고요. 신소재공학을 전공한 사람은 알 법지만 넓고 얇게 배워요. 신

입 T.O도 많지 않죠. 그래서 지원을 할 때도 큰 기대를 안 하고 있었어요. 그

런데 취업 준비를 한 지 고작 4개월밖에 되지 않은, 그래서 어디를 가야 할지

명확하게 기준조차 잡히지 않은 제게 합격 통보가 날아온 거예요. 솔직히 당황

스러웠죠.

제가 들어간 곳은 PCB(Printed Circuit Board) 기판 제조 기업으로 저는 제

품 개발을 담당했어요. 신제품을 개발하면 이를 양산하는데 이 중간 과정을 담당

했죠. 샘플링 규모로 제품을 생산하면서 불량이 생기면 왜 생겼는지를 분석하

고 대책서를 작성하며 고객사가 원하는 샘플링 양이 나올 때까지 설비 관리를

했어요.

근무 환경은 나쁘지 않았어요. 웬만하면 6시 반에서 7시 사이에 퇴근했으

니까요. 야근을 한 적도 거의 없었죠. 다만 퇴근이 퇴근이 아니었어요. 생산이

24시간 이뤄지는 만큼 평일, 주말 무관하게 깨어 있든 자고 있든 전화를 받아

야 했거든요.

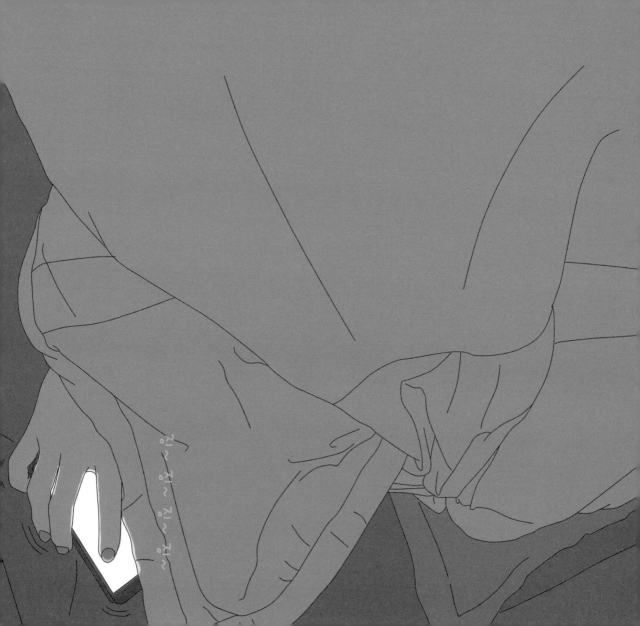

벨소리 노이로제에 걸려서 뜨는으로 밤을 새운 적도 여러 날이었죠. 그래서 개인 생활은커녕 마음 편히 친구들도 못 만났어요. 여김없이 전화가 왔거든요.

"이거 어떡해요?"

제가 해결할 수 있는 문제면 좋으련만 제 선에서 조치할 수 없는 문제가 산더미처럼 쌓여 있어요. 무시하고 둘 수 있는 상황이 아니었죠.

그래도 어느 정도 오래 다니고 싶었어요. 정력이 필요했으니까요. 그런데 막상 들어와 보니 제 업무가 생각한 일이 아니었어요. 주추에 반도체 쪽으로 이직할 생각이었는데 그런 사례는 없다고 그쪽으로 갈 수 없을 거라고 선배들이 얘기하시더라고요. 그 말을 들으니 왠지 모를 확신이 생겼어요.

나는 바깥을 이야기 하겠다.

여자는 특히 나이의 제약도 있기에 위험을 감수하고서라도 나오기로 했어요. 지금이 아니면 평생 주저앉아 있을 것만 같았죠.

하지만 주변 반응이 무섭더라고요.
"밖은 더 힘든데 왜 나와?? 미쳤냐?"

먼저 나가서 남자 친구에게 말하자 예상한 답변을 들려주더군요. 하지만 그래도 남자 친구라고 제 결심이 선 걸 느꼈는지 나올 거면 빨리 나와서 준비하라고 했어요. 부모님도 곁에 보라고 하셨죠.

자신감이 생긴 저는 회사에 퇴사 의사를 비치고 곧 면담이 시작되었어요. 원래는 파트장님, 팀장님순으로 진행되야 하는데 인사 문제로 부서도 정신이 없었어요. 바로 인사 담당자 면담으로 넘어갔죠. 뭐라고 했을까요? 예상한 대로예요. 취업이 쉬운 줄 아냐? 있지 그래. 같은 춘해 빠진 답변들이 흘러나왔어요. 저는 미리 거짓말을 준비해 갔어요. 다른 회사로 가게 되었다고. 그렇게 하지 않으면 퇴사 처리가 길어질 것 같았죠.

퇴사가 확정되고 좋느 마지막 날. 점심을 먹고 짐을 싸서 나왔어요. 아무도 제게 같이 식사하자는 말을 하지 않더군요. 못내 아쉬움이 들었는데 다섯 시 정도에 파트장님께 연락이 왔어요.

"아직 안 갔으면 밥이나 한 끼 하자."

이미 집에 온 뒤에 나중에 연락드리겠다고 하고 끊었어요. 감사한 동시에 1년간 섭섭게 굴지 못해 죄송하다는 생각이 들었죠.

퇴사 후 두 달간 여행을 다녀왔어요. 그리고는 9월 공채를 준비했어요. 하지만 지원한 회사가 크건 작건 이력서를 쓰는 족족 떨어지는 비참함을 맛봐야 했죠. 이 경험을 반면교사 삼아 이를 갈고 준비했어요.

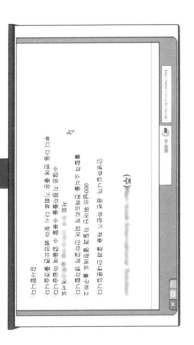

술 먹고 부모님 앞에서 펑펑 울기도 했죠. 상받기는 괜찮을 거야. 이름 걸고 제대로 준비했으니까. 취업지원센터에서 첨삭도 받았으니까. 그런데 다른 문제를 인식하지 못하고 있었죠. 퇴사한 지 어느덧 1년이 되어 가고 있었던 거예요. 이 공백기를 메워야 하는데 무엇으로 메워야 할지를 몰랐어요. 대외활동이나 공모전 사이트를 뒤지기도 하고 아르바이트도 생각했죠.

어느덧 2월이 되었어요. 정신은 혼미해졌어요. 이런 생각이 오랫동안 맴돌았죠.

'왜 나왔을까?'

못살게 군 사람도 없고 좋은 사람들뿐이었는데… 급여나 복지도 나쁘지 않았는데…

110

남자 친구는 이런 제 모습에 불같이 화를 냈어요. 계속 흐느끼는 저를 참아 줬죠. 마음을 겨우겨우 다잡고 준비하자 얼마 후에 회사 면접 일정이 잡혔어요. 면접에서 아깝없이 긴 공백기에 대한 질문이 날아들었어요. 전 직장 경력을 기재하지 않은 탓에 제 공백기는 2년이 되어 있었죠. 그래서 애기했어요. 1년간 일했다고. 그러자 2차 면접에서 좀 더 자세한 얘기일하면서 느낀 게 무엇인지, 아까운 점은 없었는지, 왜 회사를 나왔는지 이직을 준비하지 않았느냐는 둥둥. 회사 입장에서는 분명 궁금했을 질문들이었죠.

...

그럴 시기에 잠이나 더 자고 깊어 해!

착실하게 답한 덕분인 듯해요. 지금 잘 다니고 있거든요. 전 회사보다 큰 기업이라 그런지 더 체계적이고 복지도 잘 갖춰져 있어요. 시스템에 중심한 점도 성향과도 잘 맞고요.

전 직장을 퇴사한 걸 후회하느냐고 묻는다면 "조금은"이라고 답하고 싶어요. 너무 충동적이었죠. 퇴사도 준비가 필요하다는 걸 이번에 크게 깨달았어요. 지금이야 웃으면서 얘기하지만 만약 생계기에도 떨어졌다면 어땠을까요? 아마 누구와도 만나지 않고 집에 처박혀 있었을 거예요.

침엽 준비 기간을 보내는 게 아니라
버텨 낸다는 게 어쩐지 느낌이지
첫 침엽 때는 잠 못 잤어요.
이번에 제대로 적가했죠.
다행히 자던 거예요, 정말 다행히.

업무에 회의감이 들었습니다

#10

저는 격투기 선수가 꿈입니다. 격투기 분야는 프로로 데이뷔가 없으면 대진 료가 1회에 50만 원밖에 되지 않을 정도로 정말 배고픈 곳이기도 합니다. 1회에 50만 원이면 많은 거 아니냐고요? 그런데 한 번 경기를 뛸 때마다 부상이 안 생길 수가 없습니다. 그러다 보니 회복하는 기간까지 따져 보면 많이 해야 1년에 4번입니다. 1년에 200만 원밖에 안 버는데 심지어 이 돈마저 치료 비용 으로 고스란히 나갑니다. 대전료로 시설상 생활이 불가능한 겁니다. 그렇다고 일을 병행하자니 체력적인 부담이 상당하고, 체대로 된 직장을 구하기만 하는 데 발목이 잡인 셈입니다.

그래서 장교로 군 복무하면 어떨까 생각했었습니다. 한때 특수부대에서 군 복무하는 건 꿈꿀 정도로 원하던 길이기도 했고 필요한 지금 마련은 물론 틈틈히 운동도 할 수 있을 것 같았거든요. 그런데 마상 군 생활을 하니 공무원 신분이라 운동선수를 겸직할 수는 없었습니다. 특수부대라 야간 훈련이 많아서 기대했던 출퇴근도 불가능했고요.

그나마 위안이라면 정말 안 먹고 안 쓴 덕분에 전역 때까지 목돈을 어느 정도 마련했다는 점이랄까요? 전역 즈음에 유명한 격투기짐과 제약 얘기도 된 상태라 마음이 편했습니다. 마침 후에 무릎 수술 판정을 받기 전까지는 말이죠. 전역을 20일 앞둔 시점이었습니다.

116

처음엔 빠졌습니다. 무릎은 수술하면 운동을 다시 못한다고 해서 하지 않겠다고 마음먹었습니다. 그런데 상태가 계속 나빠졌습니다. 결국 수술을 하지 않으면 안 되는 상황에 이르렀습니다. 의사는 간단한 절제만 하면 끝난다면서 이렇게 말했습니다.

"3일 입원하면 끝나요."

분명 그랬습니다. 그런데 갑자기 수술 도중 저를 깨우더니 막상 무릎을 열어 보니 봉합을 해야 한다고 했습니다. 입원만 2주하고 재활은 반년 넘게 해야 한다고 했다는군요. 저는 그 와중에 절대 안 된다고 수술하지 말라고 화를 냈습니다. 수술실에서 실랑이가 벌어진 것입니다. 그래다 마취가 풀렸고 저는 극도로 심한 통증에 시달려야 했습니다. 결국 수술은 진행되었습니다.

눈물이 났습니다. 저 자신에게 화가 난 겁니다.

운동 코치를 한다고 해도 몸을 쓰지 않을 수는 없으니 제대로 할 수 있는

일이 없을 것 같았습니다.

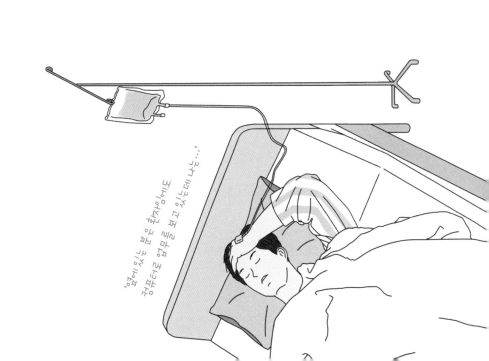

'옆에 있는 분은 한가롭게도
컴퓨터로 영화를 보고 있는데 나는...'

다른 일을 해야겠다는 생각이 들었습니다. 그때 마음을 낸 광고기획사를 운영하는 지인분이 있었습니다. 제게 여러 차례 같이 일해 보자고 제의한 분이라 용기 내어 말씀드렸더니 흔쾌히 수락하시더군요. 친역하고 8개월쯤 흐른 시점이었습니다.

제 직무는 영업기획(AE, Account Executive)이었습니다. 영업기획은 광고 건을 따오고 어떻게 광고할지 방향을 제시하고 진행 상황을 관리하는 업무입니다. 일은 재미있었습니다. 마케팅하기 위해서는 사업 연도부터 자본금과 같은 기업 정보를 분석해야 하는데 이 과정에서 사이트는 남아 젖고 사업을 대신해주는 친구와 같이 종미로움을 느꼈습니다. 하지만 동시에 일 처리 과정에서 스트레스를 많이 받아서 했습니다. 아무래도 전 직장이 군대여서 치러가 더 크게 느껴진 모양입니다. 그때 말도 안 될 것 같은 일도 사람들과 같이하면 잘 풀리는데 이곳에선 그게 불가능했습니다.

광고를 하면 제품이 팔려야 하니까 제품을 써 보지도 않고 사용 후기를 남겨야 하는 경우가 생깁니다. 이런 업무에도 회의가 들기 시작했습니다. 특히 제가 수술받은 병원이 고객사였을 때 마음이 복잡해졌습니다. 그 병원은 포털 사이트에 자기네 병원을 검색했을 때 가장 상단에 올라오는 글을 내려 달라고 요청했습니다. 저는 들어 주기 싫었지만 당시 영업이 잘 안 되던 시기여서 어쩔 수 없이 요청을 받아들였습니다. 당연히 후회가 밀려왔습니다.

지도 그 방면 관계를 보고 나 시달으었습니다. 폐사이니까요.

또 다른 지와 같은 피해자들 양산하는 꼴이었습니다.

자괴감과 부담이 동시에 찾아들었습니다.

대표님께 외부 영업으로 가고 싶다고 말씀드렸습니다. 외부 영업은 내부 영업과는 다르게 출퇴근을 하지 않고 회사에 업무를 전달하고 관리만 해 주는 일이었습니다. 운동선수 생활을 하면서 일을 병행하고 싶었는데 내부 영업을 하면서는 어려울 것 같다는 이유를 들었습니다. 대표님은 내부 영업을 하면서 도 운동할 수 있는 여건을 충분히 보장해 주겠다고 하셨지만 그러면 제 마음이 편지 않을 것 같았습니다. 결국엔 외부 영업으로 빠지는 것으로 마무리 지었습니다. 대표님은 마지막까지도 정말 많은 배려를 해 주셨습니다.

지금은 운동선수 대비를 잠시 미뤄 두고 프리랜서 모델로 활동하고 있습니다. 광고 회사에 다닐 때 고객사의 권유로 몇 지례 모델로 선 적이 있었는데 이를 계기 삼아 자연스레 겸직하게 되었습니다. 최근에는 슈퍼모델 선발대회에도 출전하면서 본격적으로 모델 타이틀을 가지게 되었습니다.

자녀까지는 정말 수입이 없었는데 방송을 많이 타서 덕분에 올해는 못해도 매달 300만 원은 벌 정도의 여유가 생겼습니다. 그 덕분에 운동과 고프를 병행하고 있습니다. 지금의 만족스러운 생활과 빨개도 운동선수에 도전할 생각은 여전합니다. 그 부작으로 최근에는 인지도를 쌓기 위해 대회마다 프로그램에 출연하고 오는 11월에는 미스베이거스에서 열리는 마음마녀아(바비발) · 피트니스 대회)에도 출전하려고 합니다. 아무리 모델로서 운동선수로서 실력이 좋아도 유명하거나 이슈거리가 없다면 사람들이 주목하지 않을 거라는 생각에서 내린 결정입니다.

사실 고민이 많습니다. 지금까지는 목표를 향해 확신하고 왔는데 요즘 지인들을 보면 하나둘 결혼을 하고 집이나 차를 사기 시작하니까요. 아쉬운 마음이 드는 것도 사실입니다.

퇴사가 후회되느냐고요? 아니요.

오히려 방안에서 제발로 보낸 시간과

그리고 회사에 다닌 시간들을 만약 군대에서 보냈더라면

더 높은 계급을 단 상태로 전역을 해서

지금 시점에 와 있을 텐데 하고 생각합니다.

돈도 더 많이 벌고 매에도 생각을 거 같아요.

운동선수는 네네까지만 도전하려 합니다.

그 이후에도 직업 안 되면 인자장이 직업을 가지려고 합니다.

어쨌든 시도는 해 보고 후련하게 군대를 제대일입니다.

사연 참 힘들다···

11

퇴사를 취미 하지는 말았으면 해요

졸업을 1년 남겨 둔 시점에서 한국에 처음 스마트폰이 들어왔다. 스마트폰 속 무궁무진한 세계에 빠져 지내다가 한 10개월 걸려 게임 앱을 하나 만들었다. 이에 친구가 교내에 관련 공모전이 열린다기에 한 번 출품해 보라고 권유를 했다.

알다시피 10년 전에는 지금과 환경이 너무 달라서 앱을 만들려면 어떤 기술을 토대로 검색해야 하는지를 알지 못했다. 근데 그런다면서 원하는 기술을 습득할 노하우가 쌓이게 되고 마침 앱 제작부터 배포까지 한 사이클을 다 경험한 사람이 드물어서 대회에서 좋은 성적을 거둘 수 있었다. 덕분에 회사도 비교적 수월하게 들어갔다.

사실 취업에는 큰 흥미가 없었다. 대학생 때부터 시업을 계획하고 있었기 때문이다. 단지 회사에서 배우고 대리는 게 낫지 않겠다는 게 낫지 않겠냐는 주변의 성화에 못 이겨 들어간 것이다. 막상 회사에 들어가서 정년까지 있어 봐야 대기업 기준으로 (적당히 아껴 쓰면서 모으다 쳐도) 9, 10억이 될 텐데 거기서 생활비로 반은 빼고 나머지로는 아파트 하나 사면 끝이다. 계산이 나오니까 회사에 오인할 생각은 없었다. 이 외에도 자유롭지 못한 점, 정리를 해야 한다는 사실 등에 괴리감을 느껴서 어느 회사에 들어가든 3년만 다니고 나올 생각이었다.

들어간 곳에서는 서버 개발(back end)과 앱 개발(front end)을 했다.

앱을 들어 메신저 앱을 만드는 건 앱 개발에 속한다. 클라이언트들이 직접 만나는 환경을 만드는 것이다. 서버 개발은 내가 메신저 앱으로 친구한테 메시지를 보내면 그 내용이 어딘가 저장이 되어 있다가 친구에게 전달이 되는데 이 전달하는 과정을 개발하는 것이다. 보통은 이 두 가지를 겸하지는 않는데 우리 나라는 기끔 둘 다 하는 경우가 발생한다. 나도 서버 개발짓로 일을 시작했지만 개인적으로 앱 개발도 계속했다.

128

의외로 개발 업무 자체에서는 크게 스트레스가 없었다. 컴퓨터는 거짓말을 하지 않기 때문에 뭔가 안 되면 내가 잘못한 것이다. 그리고 업무를 나누거나 일정 관리도 상당히 편하다. "이번 주 금요일까지 게시판에 쓰기 기능을 개발해 줘" 하면 나는 그것만 개발하면 된다.

그래서 업무 자체는 어려울 것이 없었지만 개발자들은 종에 지위가 강한 분이 꽤 많다는 게 불편했다. 부산에서 서울로 가는 여러 길 가운데 하나를 선택하는 것과 비슷하다고 보면 된다. 그분들끼리 "내가 이 길로 가 봐서 아는데" 하면서 티격태격하다 보면 감정싸움으로 번지는 일이 종종 있었다. 그런 결론이 안 나며 연차가 있는 분들은 소리 점으로 누르거나 하면서 대화를 단절시켰다. 본인의 개발 방식에 광장한 프라이드를 갖고 있어서 웨이 문제가 좀처 없었다. 특히 실력 있는 사람일수록 마이 웨이 스타일이었다. 그래서 우리나라에 개발 과정에서 문제가 생기면 조율해서 완화하는 매니저가 존재하는데 나는 성향이 협조적이고 갈등을 싫어하는지라 그렇게까지 심한 경우로는 가지 않았다.

그렇게 회사 생활을 하다가 퇴사하기 1년 전쯤이었다.

구체적인 계획을 세워 보니 이 정도면 사업을 시작해도 죽진 않겠다 싶었다. 과정을 딿고 나오는 것보다 조금이라도 더 이릴 때 해야 기회가 있을 것이라서 집에도 말씀드린 후 회사를 냈었다.

조금 아쉬운 게 있었다면 같이 온 과장님들이 지내 온 과장님들과 되게 친했다는 것이다. 특히 한 과장님과는 3년 내내 프로젝트를 함께했기 때문에 그분이랑 더 일을 함께하지 못한다는 점이 아쉬웠다.

회사가 참 따뜻한 곳이었다. 정열을 하고 나서는 신경 써야 할 게 정말 많았다. 회사에서는 개발 업무만 하면 되었지만 여기서는 개발은 물론 디자인, 기획, 마케팅, 투자 유치까지 신경 써야 했다. 특히 자본을 많이 필요로 한다는 점이 힘난했다.

보통 스타트업이 성장하는 구조는 다음과 같다. 최조 아이디어로 투자를 조금 받은 다음 프로토 타입을 만든다. 그걸 실제로 테스트해서 나온 반응을 투자자들에게 신보여서 2차 투자를 받으면 이를 기반으로 조금씩 성장한다.

이미지를 캡쳐하고
비디오 서비스를 진행하고 싶습니다.

문제는 투자 금액을 적어도 2, 30억은 받아야 한다는 것인데 이 단체를 뛰어넘을 수 있는 방법이 많지 않다. 그중 하나가 인맥인데 나처럼 인맥이 많지 않은 경우에는 많이 힘들다.

두 번째로 힘든 점은 인력이다. 기본적으로 본인이 하나의 역할을 할 수 있다면 다른 업무는 누군가를 고용해서 급여를 줘 가면서 해야 한다. 그런데 그 급여가 절대 적지 않다. 그럼에도 스타트업은 한 명이 한 명이 절실하고 역할을 충실히 해 줘야 한다. 내 기업처럼 유료로 뽑아서 운영할 수가 없다. 그래서 어쩔 수 없는 인력을 쓰지 않으려면 급여도 뒷받침되어야 한다. 문제는 이름 없는 기업장은 인재를 찾아 채용하기도 쉽지 않고 첫 번째 문제였던 투자 금액이 해결되지 않으면 기껏 데려온 인력들을 유지할 수도 없다.

이런 이유로 사업을 그만두고 현재는 다시 회사에 다니고 있다.

대기업에 다시 갈지 말지를 고민하다가 나오는 걸 맞지 않는 것 같아서 스타트업에 재직 중이다. 그래도 전 직장을 그만둔 것이나 사업을 시작한 것 모두 후회하는 하지 않는다. 전보다 급여도 좋고 훨씬 자유롭다. 그리고 이 분야가 기술의 진보 속도가 엄청 빠른데 나아가고 있는 분들도 관성이란 게 있다 보니까 본인 스타일을 고수하는 편이는 트렌드를 배우는 걸 좋아한다. 반면에 나는 트렌드를 배우는 걸 좋아한다. 다행히 이곳은 트렌드에 민감한 편이다. 목표한 개발 프로젝에 다가가도록 하루 하루 최선을 다해 살아왔기 때문에 지금처럼 살면 어딜 가도 어려움을 잘 헤쳐 나갈 수 있을 것을 찾이라고 생각한다.

마지막으로 해 주고 싶은 말은 많이 있다. 퇴사를 고민한다면 그 이유는 확실하면 좋겠다. 그래야 후회를 안 하니까. 어차피 열 명이 모이면 한두 명은 나와 맞지 않는 사람이 있다. 이건 어딜 가나 똑같다. 그 사람 때문에 정말 죽을 정도가 아니라면 죽은 특별한 기술을 갖고 있거나 목적이 있지 않다면 퇴사를 추천하고 싶지는 않다.

솔직히 평범한 사람들은 평범하게 살아가는 게 옳다고 생각한다. 그 삶 안에서 행복을 찾아내는 게 가장 좋지 않을까 생각한다. 누구나 다 뛰어날 수는 없다. 맥락적으로 나도나도 할 수 있다는 메시지를 연신 내보내는 미디어에 휘둘리지 않아야 한다.

지금은 4차 산업혁명 시대다. 인공지능의 발전이 얼마나 많은 직업을 사라지게 할지는 모르겠지만 IT 업계 종사자의 입장에서 얘기하면 변화의 흐름에 따른 여러 기술이 개발 중에 있다. 근데 그 기준이 되는 것이 게으름이다. 세 번 움직일 걸 한 번만 움직여서 할 수 있도록 하는 것이다. 즉 앞으로는 인력이 더 줄어들 것이다. 편의점만 봐도 이제 포스기가 다 하고 배달 앱이 나오면서 더 이상 하게 원하는 음식이 온다. 여기에 벌써 제도가 완화된다면 배달은 더 속도가 붙을 것이다. 예로 자율주행차가 상용화되면 택시와 물류 업계 종사자들은 분명 감소할 것이다.

이런 세상에서 되시를 준비한다면 이직으로 연봉을 올린다는 발상보다는 시대 흐름에 맞는 생각을 하고 편안을 내봤으면 좋겠다. 정말 고생하면서 사는 건 길어야 마흔 정도다. 마흔 넘어서도 그러기가 쉽지 않다.

퇴사를 생각하는 친구들이 있으면
이런 얘기를 해 주고 싶다.

흔히 생각하는 이상은 없다.

나오면 정말 춥다.
퇴직을 쉽게 택하지는 않았으면 한다.

너무 쉽게 생겨난 거 같아...

#12

자기 계발에 대한 미련

어릴 적부터 음악 교중에서도 음악을 하고 싶다는 꿈이 있었다. 그래서 중학생이 되고는 정규교육이 아닌 대안 학교를 택했다. 내 꿈을 위해서는 이길이 더 낫겠다는 판단에서였다.

대안 학교는 입학 과정부터 까다로웠다. 흔히 학생은 어떤 기도 환영받는존재이지만 이곳은 입학을 원하는 이유가 무엇인지를 명확하게 알고 싶어 했다. 나를 시작부터 고민하게 만들었다.

"어쩜 그럼, 누나랑은 괜찮았어? 뭔가 보답이라도 해야 할 거 같은데.

그게 뭐랄까, 너라면 나의 대답을 다시 되돌려줄 수도
있을 것 같아."

뭐 이런 사이였다.

입교 후에도 인문학 교육을 병행하고 일정을 매일 쓰면서 내는 되돌아보게
했다. 예체능 분야 위주라서 시스템 자체가 달랐다. 그렇게 나는 공연 쪽으로
약 1년 정도의 교육을 마치고 이 학교 출신 선배들이 만든 공연 회사에 들어가
서 공연자로 활동했다.

나처럼 회사에 속해서 활동하는 경우는 많지 않다. 예술 분야의 회사는 기
본적으로 안정적인 유지가 힘들다. 공연자 입장에서 회사와의 의존도가 높기도
하고 그만큼 관리할 것도 많다. 공연자는 또 회사가 많은 공연을 가져다주는 만
큼 잘해 줘야 한다. 이런 상황에서 사람 하나가 나가면 회사는 정말 크게 타격
을 받는다. 예술 활동을 하는 사람들 중 코리앤서와 세션의 비중이 높은 이유이기
도 하다.

그래서 어느 회사나 마찬가지겠지만 내가 들어간 곳도 지원자들이 어떤 사
고를 갖고 싶어가는지, 왜 들어오고 싶은지, 정말 이 일을 하고 싶어 하는지를
따져 본 후 사람들을 뽑았다. 예술을 하는 분뿐만 아니라 회사원분들도 찾기
때문에 더욱 철저하게 검증했다. 그 덕분인지 직장 내 민족도는 월등히 높았
다. 대부분 "제가 정말 하고 싶었던 것이 공연입니다"라고 꼽을 좋아온 사람들
이기 때문에.

회사는 주로 공연과 음악 교육에 관련된 워크숍을 진행했느니 나는 공연 쪽에 속해 있었다. 소소하게 악기 제작도 했다.

회사 생활을 하면서 좋았던 점은 나이에 대한 벽이 없었다. 조직 구조가 수평적이어서 의견을 자유롭게 주고받을 수 있었다. 부서 개념도 크게 없어서 공연 때마다 새롭게 팀이 만들어졌다. 그랬다고 엉뚱한 일이 주어지는 경우는 없었으며 모르는 것은 전임자에게 그때그때 배우면 되었다. 모든 일을 경험할 수 있어서 재밌었다.

다만 결렸던 점은 업계 내에서 정말 큰 규모의 회사라서 성수기 때는 해외 공연도 가는 등 눈코 뜰 새 없이 바빴다. 반면 비수기 때는 바쁘지 않아서 탄력 근무를 시행했다. 그러다 보니 구직적으로 생활 방식을 유지하는 게 힘들었다. 개인적으로 공부하고 싶은 분야가 다양했느니 회사의 일정에 일정에 매번 맞추기가 힘들었다.

어느덧 입사한 지 3년이 되었다. 회사는 계속 성장했고 업무량도 같이 증가했다. 여전히 자기 계발에 미련이 남았던 나는 그해 초 연간 계획을 들여다 본 후 떠나기로 마음을 먹었다. 사람들에게도 힘고하게 내 의견을 밝혔다. 처음엔 나를 말리던 사람들도 굳게 다짐한 내 모습을 보고는 미래를 응원해 줬다.

144

그렇게 4년간의 회사 생활을 마치고 나와서
조촐히 일하게 된 게 있다.

일그마는 생활이 정말 괜찮다.
일하는 생활이 정말 괜찮다.

처음엔 실업급여를 받고 아르바이트도 하면서 음악 공부를 어떻게 할지 고민했다. 그때 지인이 "음악을 공부하려면 00을 가라" 하고 조언해 줘서 학원을 등록했다. 음대를 목표로 가르치는 곳이었는데 이곳에 1년 반 정도 다니고 대학에 합격했다. 문제는 학비만 2년에 1억, 생활비를 포함하면 1억 3000만 원 정도 든다는 계산이 나왔다는 것이었다. 결국 입학을 포기할 수밖에 없었다. 그 후에 한동안 프리랜서로 일을 하기도 하고 쉬기도 하며 시간을 흘렸다.

커피를 음미하며 지내고 있다.

지금은 잠시만

대안 학교에 다닐 때 서울의 어떤 공간에 간 적이 있었다. 문화 예술을 하는 분들이 교류하는 공간이었는데 너무 예뻤다. 그때부터 문화 공간을 열어서 예술가들의 창작 활동을 지원하고 싶다는 목표가 생겼다. 회사 생활에 집중하느라 잠시 꿈을 접어 뒀지만 직장을 그만두고 내 시간이 많아지자 잊고 있던 그 꿈을 이루고 싶다는 생각이 간절해졌다.

마침 아버지께서 지인분들과 그와 비슷한 공간을 운영 중이셨다. 최근에 물려받아 공간과 가게를 접목한 복합 문화 공간으로 탈바꿈한 상태다. 3년째 운영 중인데 아직은 공간 유지가 되어야 해서 카페로 자리 잡는 게 우선이다. 최종적으로는 전시회도 열고 이곳에서 맞은 창작품이 나올 수 있게끔 만들고 싶다.

148

카페를 운영하다 보면 가끔 회사 생각이 날 때가 있다.

단순히 월급이 꼬박꼬박 나오는 게 편해서라기보다는

열정을 쏟아부은 그때 생활이 그리워서다.

물론 다시 그때로 돌아가기도 퇴사는 하겠지만

처음 입사했던 시기로 돌아가 보고 싶다.

다양한 연령의 사람들의 얘기를 들으면서

생각이 풍부해졌던 기억이 좋게 남아 있기 때문에.

목표로 하는 곳이 있었어

#13

첫 직장은 보험 영업사원이었어. 대학교 4학년 여름방학 때 인턴으로 근무한 곳인데 자연스레 채용직으로 이어졌어. 영업이다 보니 보통 오전 8시에 출근해서 집에 가면 저녁 9, 10시가 되곤 했어. 업무는 주로 고객을 만나서 상담하거나 고객 관리 차원에서 장기 가입자들에게 제안한 보험을 안내하는 거였어. 캠페인(야외 부스)를 설치해 놓고 홍보하는 것) 같은 근무 세미나도 많이 했지. 직무 특성상 계속 창조를 해야 하고 내 신장에 따라 인센티브가 달라지니까. 지금까지도 경험한 직장 중에서 정신적으로 가장 힘들었지. 특히 고객을 유지하는 일이 너무 어렵다 보니 의욕을 잃기 십상이었어. 물론 회사에서 고객 DB를 주지만 기본적으로 자기 고객층을 갖고 있어야 하니까. 그때 나는 23살밖에 되

지 않았기 때문에 개인 고객이 소멸되면 다시 회복하기가 쉽지 않았어. 그런데
도 회사에서는 계속 헛된 희망으로 압박을 해 오는 거야. 포레 중 누구는 이런
방법, 이런 방식으로 정규직도 매니저도 되고 한다며 말이야.

하지만 그런 사람은 극히 일부였어. 거기다 보험 사업 자체가 하락세로 접
어들고 있었지. 내가 입사할 때까지만 해도 회사가 몸집을 키우려는 시기여서
동기가 100명이 넘었어. 그런데 다음 해엔 절반으로 채용 규모가 줄어들었고
자연스레 신입들이 모인 사업부를 챙겨 주지 않는 게 눈에 보였어. 선배들은
이미 사업부에 미래가 없다며 지친 기색을 보이기 일쑤였지. 위부터 그러니 내
가 올라가긴 어렵겠다 싶더라.

1년쯤 지났을까? 동기는 열 명 정도밖에 남지 않았어. 나도 이제 회사를
나가기로 결정했어. 1년만 더 지나면 정규직으로 전환되지만 이웃은 발전 가
능성이 없다고 느꼈거든.

다시 학교에 돌아와서 취업을 준비했어. 원래 목표였던 은행에 가기 위
해서 말이야. 금융권을 준비하는 사람이라면 알겠지만 은행원을 지원하는
사람이 정말 많아. (지금도 그런지는 잘 모르겠으나 2013, 2014년도를 기준으로
100~200명을 뽑는다고 하면 서류 접수만 2만 명에 달했다.) 국가 정책의 영향을
많이 받는 곳이라 탑스페이 가장 먼저 시행되기도 했고 문과가 진출 가능한 분

아 중의서는 복지와 연봉이 높은 수준에 속하기 때문인 듯해. 한마디로 녹록지 않은 분야야. 산업도 지는 추세라 전망도 흐리고, 하지만 나는 예전부터 은행에 입사하고 싶은 생각이 확고해서 대학에도 관련 학과에 맞춰 왔거든. 누가 뭐래도 나는 이 꿈을 이뤄야만 했어. 그렇게 지금 나는 졸업 후 4개월 정도 지난 시점에 하반기 공채를 통해 은행에 입사했어.

내가 입사한 곳은 제2금융권에 속한 은행이었어. 일이 없으면 7시에도 퇴근할 수 있었지만 업무가 많아 야근할 때가 더 많았어. 늦게 퇴근하면 10~11시에도 가고 그만큼 근무도 종종 했지. 일반 은행과 다르게 지역 주민들이 주 고객이라 이분들에게 필요한 혜택을 줘야 해서 신약회, 주부 대학, 주말농장 등 관련 사업이 많았거든. 물론 이 사업 기획이나 홍보도 직원이 직접 했어, 은행 업무 자체는 괜찮았지만 이런저런 부수적인 일이 많았지.

고객을 마주하면서도 이런 후속 일을 고려해야 하다 보니 '내가 왜 이런 짓까지 해야 해?'라는 불만이 생겼어. 게다가 윗선에서 이런 부수적인 업무를 위한 행사를 상당히 중요하게 여겼어. 어떤 상품 판매를 위해 본사에서 직접 만든 홍보물이 있어도 그걸 쓰지 않고 따로 제작하는 제작 시간이 항상 적어, 매번 밤을 새우면서 만들어야 했어, PPT나 기획서도 내용은 매번 같은데 포맷을 바꿔서 다시 만들어야 하는 거야, 이런 게 과연 효율적일까?

결론적으로 나는 이 회사를 그만뒀어. 업무 때문에 그만둔 건 아니야. 어쨌든 끝까지 가 봐야 한다는 생각 때문이었어. 제1금융권 은행에 꼭 가 보고 싶었거든.

원래는 하반기 시작하기 1, 2개월 전에 그만두고 좀 쉬면서 준비를 하려고 했어. 단 자소서 쓰는 감을 잊어버리면 안 될 것 같아서 상반기에 이력서를 냈었지. 그런데 내가 이력서를 넣은 걸 윗분들이 알게 된 거야. 연초 상담 때 사실 회의을 문는 상사에게 굳이 숨기지 않았어. 가고 싶었던 은행이 있었는데 계속 미련이 남는다고 솔직히 말했지.

2월이 되자 인사 채용 일정이 사내에 떴어. 이때 각 지점도 분사에 필요 인원을 얘기해야 채용 규모에 반영이 되거든. 그래서 7월에 그만두겠다고 있었어 보고드렸지. 그랬더니 당장 그만두라고 하더라고. 그런데 이틀 뒤에 퇴사 일정을 조정하자는 제안이 왔고 7월까지 다니기로 했어.

그러던 중 연습 삼아 넣은 이력서를 보고 한 은행에서 연락이 온 거야. 면접이 평일이라 회사에 휴가를 내야 했어. 회사에서는 내가 다른 직장을 찾는 것을 알고 있었으니 굳이 몸이 아프다는 둥 무슨 일이 있다는 둥 거짓말을 꾸며 댈 필요가 있나 싶더라고. 그래서 말씀드렸어. 솔직하게. 그랬더니 면접 보러 가고 싶으면 그만두고 가더라고 하더라고.

결론적으로는 상반기에 그만두게 되었어. 딱히 미련을 갖진 않아. 원래 그

154

이 둘 받으려고 여기서 일하고 있나…

만들 직장이 있고 면접에서 떨어져도 퇴사 일정이 조금 빨라진 것뿐이라 여기기로 했으니까. 그런데 합격을 했고 현재까지 다니고 있어.

사실 막상 이곳에 취직하고 보니 미련이 남는 게 있는데 그건 월급이야. 전에 다니던 곳보다 작은 걸 모르고 온 건 아닌데 막상 받고 보니까 차이가 크게 느껴지더라고. 근무 시간도 길고 직장도 집과 멀어져서 뻘뻘 생각이 들 때도 있어.

그렇지만 전체적인 커리어를 두고 보면 제2금융권에서 제1금융권으로 왔고 여기서 다시 메이저 제1금융권으로 가는 데 있어 좋게 작용하지 않을까 싶어. 힘들더라도 길게 보는 거지.

마지막으로 퇴사를 망설이는 사람들에게 해 주고 싶은 말이 있는데 그건 두려워 말고 도전했으면 좋겠다는 거야. 전 직장에 있을 때 나처럼 메이저로 가겠다는 목표를 갖고 있는 사람들이 있었거든. 근데 결국 생활에 적응하면서 안주해 버리더라고, 내가 더 큰 곳으로 가겠다고 했을 때 누구보다 말린 사람들이기도 해. 그들도 문과생으로 또 여자로 이 사회의 취업 환경을 너무 잘 알고 있었지.

"여기처럼 안정적인 곳이 없는데 나가서 잘 안 되면 어떻게 해?"

하지만 최종적으로 내가 퇴사를 감행할 때는 누구보다 내 용기에 박수를 쳐 준 사람들이기도 해. 나는 그랬어. '어차피 안 되면 그때 가서 뭘 해도 하면 되지'라는 생각이었거든.

156

혹시 퇴사를 망설이는 누군가가 이 글을 본다면
두려워 말고 도전했으면 좋겠어.

목표만 정확히 갖고 있다면
괜찮다고 말해 주고 싶어.

최근 늘어나는 비대면 거래로 인해 점포 수와 은행 인력 감소가 이어지고 있다는 뉴스가 떠올랐습니다. 이에 대한 의견과 더불어 그럼에도 은행원이란 직업을 고수하는 이유가 무엇인지 여쭤봤습니다. 아래는 이에 대한 답변입니다.

아무래도 예전보다 대면 고객 자체가 많이 준 게 사실이에요. 실제로 작년에 구조 조정과 희망퇴직도 많이 받았어요. 점포는 없애고 365 코너를 늘리는 추세고 아예 인터넷으로만 서비스하는 은행도 늘어나고 있죠. 금리도 더 주고 대출도 저렴해서 이용 고객도 늘고 있어요.

실제로 은행 갈 일이 딱히 없지 않은가요? 통장 개설까지 모바일로 다 되는 세상인데! 그러니까 은행원의 소득과 그들이 앉아서 벌어 낼 수 있는 수익을 비교해 보면 은행 입장에서는 이윤이 안 남는 것이죠. 인력 축소는 당연한 결과라고 봐요.

그런데도 이 직업을 계속하고 있는 건 우선 부모님 세대만 하더라도 모바일 뱅킹을 아직 유용하게 쓰지 않아요. 잘 쓸 수 있는 2, 30대는 돈이 많지 않죠. 파레토 법칙(전체 결과의 80퍼센트가 전체 원인의 20퍼센트에서 일어나는 현상. 80대 20 법칙 또는 2대 8 법칙이라고도 한다)이 은행에도 작용된다고 생각해요. 은행 고객의 80퍼센트의 2, 30대는 비대면 거래를 많이 하지만 거래 금액 면에서 그 비중을 차지하진 않죠. 이 정도로는 은행이 수익 사업을 하기 힘들어요. 그래서 그 위의 부모님 세대를 주 고객으로 잡아야 하는데 비대면 거래기 익숙하지 않은 그분들이 70~80세가 될 때까지는 직접 방문할 수 있는 은행과 창구가 있어야 하는 거죠.

즉 앞으로 2, 30년 정도는 그분들을 위해서라도 은행원이 존재해야 한다는 뜻이에요. 이 기간이면 적어도 제 근속은 보장되기 때문에 이 일을 계속하고 있어요. 또한 모바일을 잘 이용하는 분들도 대출과 같이 큰 거래는 대면 거래도 하는 것을 선호해요. 은행에서 가장 돈을 벌 수 있는 건 예·적금보다는 대출인데 그런 거래는 도를 넘어서라도 고객이 와요. 이 점을 봤을 때도 아직은 금융거래의 주 고객층이 장·노년, 사람을 더 믿고 있다고 할 수 있죠.

또 무슨 일 터진 건가...?

#14

해도 해도 끝이 없었어요

대학을 졸업하고 지금은 외식업체에서 일하고 있어요. 외식업체에 오기 까지 이 일 저 일 해 보다가 결국 나중에 제 이름으로 된 식당을 운영할 계획이 어서 이쪽으로 경력을 쌓는 중이거든요. 현재 일하고 있는 외식업체는 세 번째 일터입니다.

처음 입사한 곳의 사장님은 일하는 스타일이 좀 이상했어요. 주방에서 해 야 할 일을 홀에 내보내곤 했어요. 보통 그릇은 주방에서 닦거든요. 그걸 홀에 서 해 주면 안 되겠냐고 하거나 음식물 쓰레기도 홀에서 버리게 했죠. 그래도 그러려니 하고 넘겼어요. 배려 차원에서 충분히 해 줄 수 있는 일이니까요.

문제는 주문이었어요. 이곳의 마지막 주문 시각은 9시예요. 조리 시간과 손님 식사까지 계산한 시간이었죠. 설령 그 이후에 주문이 들어와도 잘 얘기해서 돌려보내야 하는데 사장님은 몇 시고 주문을 계속 받았어요. 어느 때는 저녁 장사 준비를 마칠 때쯤 나타나서는 본인 저녁을 먹겠다며 음식을 시키고 했어요. 이곳 직원들의 식대는 5,000원이었고 그 도으로는 김밥하고 라면밖에 먹을 수 없거든요. 그런 저희와 비교해서 거나하게 한 상을 차려 먹더라고요. 기껏 장사 준비를 마친 직원들 앞에서요.

이런 일이 반복되다 보니 점포 직원 모두가 개선을 요구하게 되었어요. 결국 제가 입사한 후 6개월쯤 뒤에 새로운 계약서도 생기고 좀 나아지나 싶었죠. 새로운 계약서에 따르면 한 달에 6번을 쉴 수 있었어요. 하지만 그중 연차가 포함되어 있었어요. 만약 1년 이내에 그만두면 연차에 해당하는 휴일 금여를 보상해야 한다는 조건이었죠. 물론 그렇다는 것을 누군가 실제로 배상한다는 음에서야 알게 되었죠.

더 이상 배울 게 없겠다는 걸 깨닫고는 퇴사를 결심했어요. 연차 쓴 거 따져서 70만 원가량 내놓으라기에 주고 나와 버렸죠.

162

두 번째 업체로 이직했지만 제 업무는 이전과 같았어요. 매장 관리로 들어왔거든요. 이곳은 전 직장보다 월 10만 원 정도 더 받고 주 5일을 근무하면 업무 조건이 수많이 나오는 곳이었어요. 연장·야간 수당은 모두 별도였죠. 조건 제제가 전보다 많이 나아진 거죠. 무엇보다 분사 직영이다 보니 체제가 있어요. 음료 만드는 것부터 메뉴 하나에 어떤 재료가 들어가는지를 교육을 통해 배울 수 있었어요. 메뉴도 모두 영어로 되어 있어서 시험을 봐야 했죠.

일을 시작하고 첫 한 달은 네 번인가 쉴 수 있었어요. 수습 기간인데도 200만 원 넘게 받았고요. 솔직히 힘들었는데 전보다 50만 원 이상 더 버니까 힘든 게 어느 정도 상쇄되더라고요.

또 칭찬하는 글이 올라오는 일도 종종 있어서 포상으로 상품권도 받는 등 수확했던 일이어도 있었어요.

그렇게 계속 잘 풀렸으면 좋았겠지만 스트레스가 쌓이는 일이 많아졌어요.

우선 매달 해야 하는 재제 파악부터 신경 쓰였어요. 기물이랑 소모품 개수 파악은 매장을 일일이 뒤져 가면서 해야 하는데 숫가락 400개, 포크 400개, 나이프 400개만 세어도 이미 1,000개가 넘으니 여간 힘든 게 아니었어요. 소모품도 물티슈, 빨대, 설탕처럼 가 항목으로 1,000개씩 여러 가지가 들어오거든요. 일하는 도중에 셀 수도 없는 노릇이고 결국 마감을 하고 난 다음 파악해야 하는데 그러다 보면 새벽에 퇴근하는 일이 다반사였어요. 수량을 정확히 파악해서 사용량을 따지는 건 중요하지만 업무 외에 한 수밖에 없으니까 너무 힘들었어요, 이걸 굳이 매달 할 필요가 있을까 하는 생각도 했죠.

사람 때문에 힘든 점도 있었어요. 일단 같이 일하는 매니저와 계속 마찰이 있었어요. 에이드 하나를 만들어도 그 비율을 따라 단가가 달라지기 때문에 직원들은 비율을 세세하게 알고 있어야 했어요. 일을 시작한 지 얼마 되지 않았을 때 매니저가 비율이 어떻게 되는지 물었어요. 그때 대답이 틀렸거든요. 그랬더니 바로 타귀를 때리더라고요. 나중에 발도 짓밟히고 정강이도 맞았어요. 새로 들어온 사람 중에는 이런 매니저 태도 때문에 퇴사하는 경우도 제법 많 았어요. 결국 매장 간 인원 재배치의 이유로 매니저가 다른 지점으로 가고 나 서야 이런 일에서 벗어날 수 있었습니다.

다른 하나는 결국 손님이죠. 아기를 데려온 경우 기저귀를 갈고는 그대로 버리고 가는 일이 빈번했어요. 와인을 마시고 술 취해서 난동 부리는 사람들도 있었고 포장이 안 되는 메뉴인데도 싸 달라는 분도 많았어요. 포장하면 음식의 질도 떨어지고 먹다가 탈이라도 나면 매장 책임이 될 수 있어 해 줄 수 없거든 요. 정말 너무나 다양하게 스트레스를 주는 손님이 많았어요.

무엇보다 제 시간이 부족했어요.

166

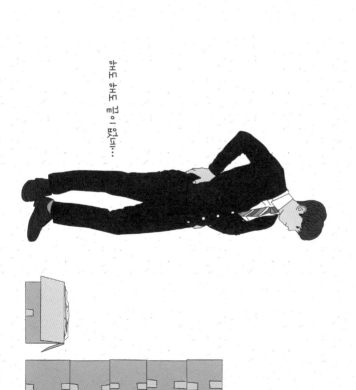

해도 해도 끝이 없구나...

훈이에도 서큐 장영이나 다른 이 팀원에
훈 인 이 있어요. 그 당시에 시컨테 주 5일만 이런 장이 별로 없어요.

자연스럽게 스트레스가 쌓였고 2년이 넘어갈 때쯤 이직을 고민하기 시작했어요. 문제는 다른 지점에 지원하면 가맹점으로 가게 될 확률이 크다는 거였어요. 이곳은 직영 매장이라 체계가 잡혀 있고 운영에 필요한 전반적인 방법을 배울 수 있으니 힘들어도 배운다는 자세로 다니던 자였죠. 이직을 고민하던 당시 자를 바꾼 지 얼마 안 된 시점이었어요. 거기다 몇 개월 지나면 진급도 될 예정이었죠. 그러다 보니 고민 끝에 '그래! 더 다녀 보자' 하고 이직 생각을 접기로 했어요.

그러다 추석 연휴에 일이 터지고 말았어요. 보통 매장 오픈을 11시 30분에 하기 때문에 직원들은 그 전에 출근해서 준비하거든요. 그런데 당시 주석 연휴는 유독 길었어요. 어떻게 해도 준비 시간이 부족했죠. 그래서 출근 도장은 10시에 적되 8시까지 나와서 일을 하기로 했어요. 모두 바쁘고 피곤했죠.

그런 상황에서 입사 때부터 괴롭히던 매니저가 말도 안 되는 트집을 자꾸 잡는 거예요. 저와 직원을 붙러 놓고 할 상태가 이런데 손님 안 보나. 아침조 하는 게 힘드냐. 지금 힘든 거 티 내냐며 언성을 높이더라고요. 도저히 이건 못 참겠다 싶어 그 자리에서 그만두겠다고 말하고 퇴사를 했습니다. 지금이 얼마 남지 않아서 점을까 근무 환경을 생각하니 더는 다니고 싶지 않았습니다.

168

대학생 때부터 쉬지 않고 일을 해 왔어요. 좀 쉬고 싶음을 만도 했죠. 한데 차 할부금, 유지비, 하자금 대출, 적금 그리고 매달 드리던 부모님 용돈이 문제였어요. 물론 제 생활비까지 고정적인 지출 항목이 있으니 쉽사리 쉴 수 있는 형편이 안 되더라고요.

하는 수 없었죠, 다시 일하는 수밖에…

경력 덕분인지 오라는 곳은 많았습니다. 하지만 대부분 서울이어서 집과 가까운 곳 위주를 찾다 현재 직장으로 이직을 했어요. 평소 식사하러 몇 번 들른 곳인데 일하기에 괜찮아 보였거든요. 마침 퇴사를 했을 때 구인 중이어서 면접을 봤는데 사장님이 좋게 봐주신 덕에 곧바로 일을 할 수 있게 되었어요.

170

이곳은 와인을 많이 파는 곳이라
소믈리에 자격까지 염두에 두고 공부하면서 일하는 중이에요.
취미로 미술을 조금 하는데
가끔 손님한테 보여 드리면
사장님도 손님도 좋아해 주세요.

지금은 여러모로 잘 적응하면서 지내는 중이에요.

15

전공에 미련이 남아서요

대학생이라면 적어도 한 번쯤은 전공과 진로를 고민한 적이 있을 것이다.

이 길을 계속 걷는 게 맞는지 아니면 조금이라도 빨리 다른 분야로 방향을 바꿔야 할지 같은 고민 말이다. 나 역시 이런 고민과 함께 문제로 휴학을 한 상태였다. 이참에 전공 말고 다른 분야 일을 경험하다 보면 어느 정도 답이 나오지 않을까 싶었다.

그런 생각에 처음 취업을 한 곳은 보안 업체였다. 보안 업체는 입사에 특별한 제약 조건이 없다. 경찰 기록이나 문신만 없으면 평사원으로 지원할 수 있

있다. 유도를 했던 이력도 입사하는 데 도움이 되었다.

내가 있던 근무지는 항공기 부품, 자주포, 장갑차 같은 정밀기계를 다루는 곳이라 대외비 사항이 많은 곳이었다. 이곳에서 보안대와 메스크 안내, 사장님 이전 시 경호 업무 등을 맡았다. 정비는 보통 교대 근무였는데 이틀 연이어 근무한 다음 휴무를 갖는 식이었다. 주간 근무만 하려면 정비 관련 자격증이 필요한데 취득하면 회사에서도 보너스도 생긴다.

으른작님이다~

일은 대체로 즐겁게 했다.

10평 남짓한 사람들과

기숙사 생활을 하며 서로 챙겨주다 보니

다른 데서 이만큼 사람답게

직장 생활을 할 수 있을까

생각이 들 정도였다.

다만 일사의 목적이 하데를 모으는 것이어서

좀 더 많은 급여를 주는 곳이 필요했다.

특히어나 함께 꾸밈이 있었다면

가정 오랫동안 일했을 것 같은 직장이었다.

9개월 동안 일하고 옮긴 직장은 핸드폰 부품 생산 회사였다. 처음 3개월은 일을 배웠다. 그리고 바로 현장 조장이 되었다. 가장 힘든 파트인 만큼 사람들 이직률이 높은 탓이었다. 면접 당시 1년 이상 근무할 예정이라고 받힌 것도 이유가 되었다.

이곳도 2교대를 했는데 급여가 확실히 달랐다. 기본 시급이 최저시급보다 1,300원 정도 더 높았고 한 달에 시급은 100원씩 올랐다. 수당도 철저하게 챙겨 기 때문에 보안 업체와는 급여 차이가 크게 났다. 일이 안 맞는 것도 아니고 주 야 교대가 힘들긴 해도 그만큼 급여를 받으니 대한 전공을 살면서 일할 필요가 있을까 하는 생각이 들었다.

그렇게 어느덧 1년이 지났다. 순한 고민 끝에 일단 학교를 좋아함기로 했 다. 전공에 미련이 남았다.

복학을 한 달 반쯤 남기고 회사에 퇴사 계획을 알렸다. 그런데 내 퇴사가 결정되고 나니 향상 호의적이던 상사들의 태도가 변하는 게 아닌가! 일 잘한다 고 칭찬 일색이던 팀장까지도 별일 아닌 것들로 꼬투리 잡기 일쑤였다.

이처럼 나갈 사람이라 그렇게 대한 신지는 모르겠지만 결국 퇴사할 때는 이전에 없던 불만을 갖고 나와야 했다.

현재는 학교에 복학해서 공부 중이다. 내 전공은 청소년학인데 학창 시절에 수학여행이나 수련회 가면 지도하는 분들 혹은 청소년 수련관이라고 도심 속에 문화의 집이나 쉼터 같은 기관이 있다. 여기서 근무하는 선생님이 대표적인 진로다. 나는 청소년 상담 쪽으로 진로를 잡고 있다. 청소년 지도나 상담 직업 자체는 수요가 많음없이 생긴다. 전국에 청소년학과가 있는 대학이 많지 않고 퇴사율도 높기 때문이다. 특히 남자의 경우 처음에는 열정적으로 일에 임하지만 30대를 넘어가면서 급여 문제 때문에 이직률이 매우 높다. 나 역시 처음 휴학했을 때 이 부분에 대한 고민으로 다른 일을 찾아봐야겠다는 생각이었다.

전공을 살려 취직에 성공하면
160~170만 원의 급여를 받는다.
반면 생산직에 뛰어들으면 월 250만 원을 받을 수 있다.

이런 현실적인 고민을 무시할 수 있을까?

한 번은 훌륭한 선배들과 얘기를 나눴다. 선배들의 답변은 제각각이었다. 그 와중에 공통된 의견도 있었다. 앞으로 3, 4년이 지나면 반드시 고민을 하게 될 거라는 점이었다. 내가 선택한 분야로 그걸 기반으로 일을 하나 분명히 재밌고 보람될 테지만 시간이 지날수록 현실적인 고민은 피할 수 없게 된다는 말이었다.

여러 얘기를 듣는 다음 결국 내가 내린 결론은 '그래도 내가 원하던 일을 해 보자'였다. 처음 3년은 아무 생각하지 말고 전공을 살려 일해 보기로 했다. 묵직한 것도 전공을 살리기 위해서였으니 말이다.

지금의 나는 목표점까지 가고 있다. 3년 정도는 이 분야에서 있으면서 미래를 생각해 볼 예정이다. 주말마다 이벤트 업체에서 일을 하는데 하다 보니 의외로 청소년 쪽과도 관련이 있다. 나중에 이쪽으로 직업을 바꿀 수도 있을 듯하다.

퇴사를 후회하느냐고 묻는다면 나는 후회한다. 당시에는 몰랐지만 지금 와서 생각해 보니 숱하게 후회된다. 친구들을 보면서 고등학교를 졸업하고 곧바로 일을 시작한 애들을 보면서 부럽하다고 느꼈다. 하지만 지난 지금 시점에서 보면 모두 자기 길을 빨리 찾아 돈도 많이 모으면서 잘살고 있다. 그러다

180

보니 내가 대학으로 돌아와서 전공을 살려 선택이 맞는 전지 판단이 잘 서지 않을 때도 많다. 휴학을 하고 다니던 직장에서 지금까지 일을 했다면 지금 내 위치는 어느 정도가 되었을까 하는 생각도 가끔 한다.

그럼지만 후회한다 해도
어차피 되돌릴 수 없는 일이다.
지금은 내가 선택한 길이 있다.

여기에 집중하는 게
최선이라는 마음으로 공부하고 있다.

덴그레서인것처럼 좀 봐뒤 웅 걸 전망 좋겠씻겠지기는 않아…

#16

다시 몸이 나빠졌어

나는 집안 사정이 좋지 않았어. 어릴 때부터 빨리 안정적인 직장을 가져야 한다는 마음이 클 수밖에 없었지. 그래서 대학 진학은 포기했어. 대신 곧바로 일할 수 있는 직업을 찾았던 거야. 나는 어릴 때부터 사람을 돕는 게 좋았어. 누군가에게 보탬이 될 수 있다는 건 좋은 일이잖아.

간호조무사라는 직업이 있다는 걸 알게 되었을 때 마음에 들었어. 좋은 직업이라는 생각이 들었거든.

183

하원에 다니고 엄마 후 자격증을 취득할 수 있었어. 그리고 치과에 취직하게 되었지. 의사 어시스트와 진료 준비, 치기공소에서 온 보철물 확인 등이 내가 맡은 업무였어. 하원 실습 때는 종합병원에서 근무했기 때문에 업무가 좀 낯았지만 그래도 빨리 취업해서 다행이라는 생각이 들었어.

이곳은 항상 바빴어. 일 자체가 많기도 했지만 모든 환자를 상대하다 보니 정신없고 예민한 상태여서 더 바쁘게 느껴졌던 것 같아. 하지만 바빠서 힘든 건 어쩔 수 없는 일이잖아. 내가 진짜 힘들었던 건 같이 일하는 동료였어. 나를 포함해서 막내들을 괴롭히는 선배가 있었거든. 1년이 넘도록, 내가 쓰러져서 병원에 입원하는 순간까지도 괴롭힘은 계속 있었어.

그 사람은 원장님보다 늦게 출근했어. 대단한 분이신 거지. 거기다 우리는 진료 시간에는 절대 치료를 받을 수 없게 하면서도 본인은 언제든 치료를 받거나 쉬는 날에도 치료가 필요하면 오는 거야. 꼴불견이지! 치과에 환자가 없을 때도 아랫사람들은 앉아 있지도 못하게 했어. 출근해 있는 9시간 동안 어쩌나 한 시도 우리를 가만두지 않는지. 어떻게 보면 대단하지. 바쁜 근무 환경에 괴물 힘까지!

184

매일매일 쌓인 스트레스는
결국 내 몸을 망가뜨렸어.

어느 날 근무 중에 구토와 복통이 있었는데
도저히 일할 수 없을 지경이 될 거야.

결국 병원에 입원해야 했어.

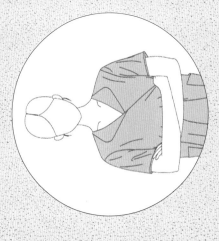

"지금 너에게 필요한 건 위로가 아니라 잠깐의 쉼이야!

그러니까,"

글쎄, 병원에 누워 있는 너를 찾아와서

그 사람이 진짜 참마디가 이거야!

근무할 때는 "그리고도 원장님이 너희 엄금 주고 싶겠냐"며 폭언을 서슴지 않던 사람이 병원에 와서는 걱정 코스프레를 늘어놓는 모습을 보니 정말 어이가 없더라고. 참…. 어쩌나 가증스럽게 느껴졌는지 몇 번이 지났는지 아직까지도 그 장면이 생생할 정도라니까.

지금이야 비슷한 상황이 닥치면 주변 사람들에게 얘기는 개별 수 있겠지만 당시엔 내 나이가 겨우 스무 살 줄밖이었고 모든 일에 "네, 네" 하면서 실하은 탓에 한 번도 이런 고충을 털어놓지 못하고 속으로만 앓아야 했지. 심지어 그만두는 짓조차 용기가 나지 않았거든. 여럼게 얻은 첫 직장이라 더욱 그랬던 짓 같기도 해. 안일을 하고 나서야 정말 고민돼야겠다는 결정을 내렸으니 말 다했지 뭐.

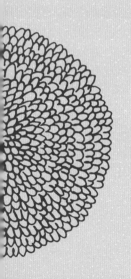
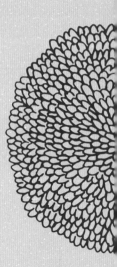

문제는 퇴원 후에도 후유증이 생겨서
지금도 통원 치료를 받고 있다는 거야.

만약 아프지 않았더라면
아직도 그런 환경에서 잠아 가며
일하고 있었을지도 몰라.

이건 나중에 알게 된 사실인데, 세상에! 임사해서 수개월을 일했는데 글쎄 내가 퇴사하기 한 달 전에 4대 보험에 가입되었었더라고. 사회생활이란 게 먼지 몰랐던 내가 은 피해지. 학교 다니는 친구들과 달리 나 혼자 회사에 다녔기 때문에 직장을 주제로 대화할 기회가 없던 것도 이유일 테고.

그로부터 1년이 지났어. 다시 일을 해야 했지. 병원 쪽 일을 하고 싶지는 않았어. 그래서 알아본 곳이 화장품 매장 판매직이었어. 그런데 1년이더라는 공백기에 홍기듯 일을 시작한 게 잘못이었나 봐. 관리직도 결국엔 마찬가지잖아. 무리한 정도로 몸을 써야 하고 스트레스도 심하니까. 내 몸은 다시 나빠졌어.

처음에는 9시간 동안 일하는 조건이었는데 직원들이 계속 그만두다 보니 어쩌다 나 혼자 매장을 맡게 될 거야. 매장 관리에 판매도 해야 하고… 잠시도 앉아 있을 수 없는 환경이었어. 제고 파악이나 청소도 혼자 다 해야 하는 데다 아르바이트생이 자주 빠지니 조와 근무 시간이 계속 늘어나기만 했어. 어느새 내 근무 시간은 12시간이 될 거 있지?!

☆

몸을 혹사시키니 잠잠했던 주유증도 심해졌어. 너는 이 근무 환경에서 일할 수 없을 것 같아. 그만두셨다고 말했더니 사장님이 뭐라는 줄 알아? 오래 일하기로 하지 않았느냐는 거야! 뭣! 그랬어. 지금처럼 말도 안 되는 업무량을 주지 않았더라면 그리고 이런 근무 환경을 나 몰라라 하지 않고 일어주기만 했더라면 말이지.

두 번의 퇴사를 거치고 지금은
다시 내가 할 수 있는 일을 찾고 있어.
실기검정으로 변호사 자격을 받아야 하는 상태라
짧게 일하는 파트타이머나
시간 조율이 가능한 곳을 찾기 위해
여러 군데를 둘러보면서
내가 하고 싶은 직업에 대해 공부 중이야.

내가 겪은 두 번의 경험은 들이 됐다고 생각하면서 살고 있어.
다른에 삶이 많은 부분에서
생각이 변화를 가져왔으니까.

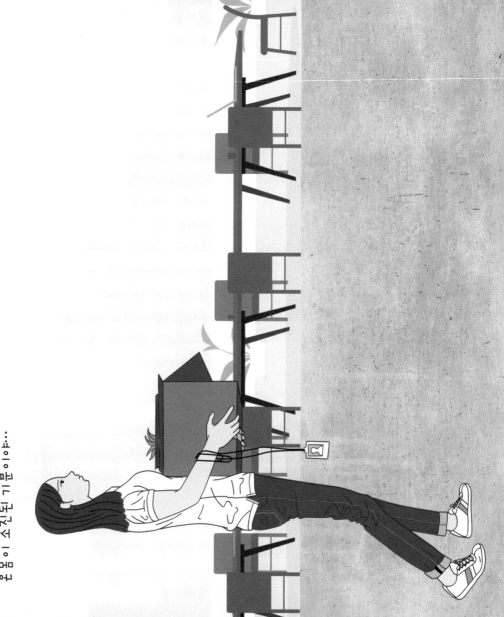

온몸이 소진된 기분이야···

여러 업무가 수시로 끼어들었어요

회사를 그만두고 기념으로 가족과 여행을 다녀왔어요. 그리고 처음 맞는 평일에 집에 있으면서 실감했죠.

'아, 나 진짜 백수되었구나.'

저는 번역 회사에서 영어 번역가로 일했어요. 보통 번역가라고 하면 프리랜서를 많이 떠올릴 텐데 그렇지도 못하고요. 제가 다닌 회사의 번역가들도 대부분은 프리랜서였거든요. 하지만 저는 매일 출퇴근하는 직원이었어요. 영어 번역을 전공으로 한 건 아니에요. 전공은 국제학이었죠. 입학할 때는 국제정치학 전공으로 들어갔는데 수업을 들어 보니 적량 맞지 않는 거예요. 그래서 2학년 휴기 중에 전과를 하게 된 거죠. 그래도 그때까지는 전공을 살려 취업할 생각이었어요. 그런데 시간이 갈수록 자신이 없어지는 거예요. 그러다 문득 취미 삼아 하던 영어 번역을 아예 직업으로 삼는 것도 좋겠다는 생각이 들었어요.

저는 빨리 취업해서 돈을 벌고 싶었기 때문에 대기업은 바라보지도 않았어요. 인·적성검사도 공부해야 하고 여러 가지로 복잡해서요. 제가 할 줄 아는 것 중 제일 잘하는 게 번역이니까 이쪽으로 빨리 직장을 구하면 빨리 자리 잡을 수 있겠다 싶었죠.

졸업 후 3개월쯤 지나 회사에 지원하면서 그동안 취미로 번역해 온 자료를 모두 포트폴리오로 제출했어요. 이게 관심을 끌었는지 취업에 성공했죠.

몇 년이나 한비 들여 배운 전공을 포기하고 다른 길로 가는 게 아깝지 않느 냐는 질문을 종종 받는데 저는 전공과 관련된 직업을 꼭 가져야 한다고 생각하지 않거든요. 우리 부모님만 봐도 두 분 모두 대학 전공과는 전혀 관련 없는 직업을 갖고 있으니까요.

회사에서는 문서 번역을 맡아 했는데 어느 시점부터인가 한국어를 모르는

이걸 내일까지 다 하라고…?

손님이 점점 많아져 통역까지 맡게 되었어요. 그렇게 업무를 보다 6시 반쯤 되면 퇴근을 했죠. 처음 3개월은 적응 기간이었지만 괜찮았어요. 그런데 점차 업무가 늘고 그에 비해 미해 기능성은 보이지 않자 불안한 마음이 들더군요. 일단 상주하는 번역자다 보니 외국인들이 회사로 방문하면 무조건 제게 보냈어요. 거기에 본 업무인 번역을 하면서 고객의 요구에 따라 몇 차례 수정하는 일이 반복되었죠. 그 밖에도 여러 업무가 수시로 일에 끼어들었어요.

선택지는 둘뿐이었죠. 참고 다니거나 퇴사를 하거나. 항의를 한다고 해도 개선될 여지가 보이지 않았거든요. 퇴사하기 직전에는 저보다 먼저 근무해 온 번역가가 퇴사했느니 중요하지도 않고 그룹 업무까지 제게 떠맡겨졌답니다. 같은 번역 업무라도 고객이 다르니 엄연히 다를 수밖에 없거든요. 거기다 수정 작업까지 고스란히 제게 떨어진 거예요. 이런 고충을 직장 내 누구에게든 털어놓고 도움을 받아야 하지만 그럴 상대도 없어서 스트레스를 해소할 곳이 없었어요. 보통 번역가로 일한다고 하면 "대단하다, 멋있다"고 하니까 막상 업무의 애로 사항에 대한 공감을 하지 못하더라고요.

6년 차에 접어드니 정말 온몸이 소진된 것 같았어요. 완전히 지쳤다고 하는 게 맞을 거예요. 서른다섯까지는 회사를 다니고 싶었지만 여기에 계속 있다가는 일을 억지로 떠안고 도태되겠다는 생각이 들더라고요. 지금보다 더 나이가 들면 구직도 힘들어질 게 뻔하니까요.

주변 사람들은 거의 대부분 당분간 목 쉬라며 지지해 줬어요. 첫 입사부터 지금껏 고생한 걸 아니까요. 하지만 회사에서는 받길 리 없었죠. 무작정 붙잡을 생각만 했어요. 사실 이전에도 퇴사를 하려다 급여를 올려 주겠다는 말에 붙잡혀 6년을 다니게 된 거였어요. 아예 다른 분야 번역을 해 볼 생각이라는 이유를 대고서야 그만둘 수 있었어요.

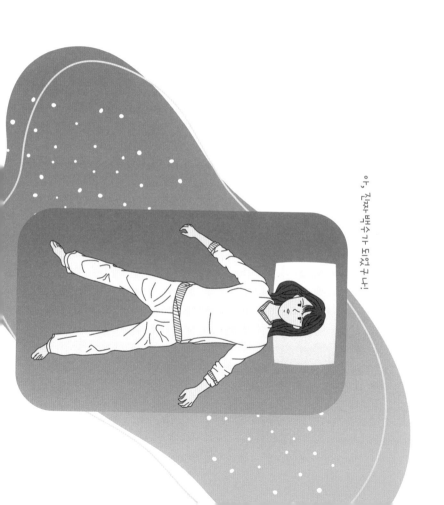

그렇게 마지막 날 그림을 끝내고 사람들과 악수를 나눈 뒤 화사를 내렸습니다. 화사를 그만둔다는 게 그리 와닿지는 않더라고요. 휴직 덕분에 유럽에 다녀온 뒤 저는 진짜 오후를 맞았어요. 그제야 비로소 실감했어요.

아, 진짜 백수가 되었구나!

엄마 전에 미뤄 둔 건강검진을 받았어요.
다행히 스트레스 지수는 낮게 나오더군요.

만약 회사에 다닐 때 검사를 했다면
분명 엄청나게 높은 수치가 나왔을 거예요.
주변에서도 제가 짜증이 현저하게 줄었다고 그래요.
지금 한결 편안해 보인다는 말도 자주 듣고요.

내년에는 하원에도 다닐 생각이에요.

그때까지는 지금처럼
좀 더 편안하게 쉬어 둘 거예요.

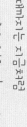

회사에 다닌 지 10개월째
감감하다….

주업무와 부업무가 뒤엉킨 삶

#18

산업디자인과를 나온 나는 좀 더 다양한 분야를 알고 싶은 마음에 졸업 후 디자인 쪽으로 취업하기보다 다른 분야 일을 두루 거치고 했다. 사실 디자인 분야로 취업을 알아보지 않은 건 아니었다. 다만 막상 취업을 하려고 보니 자리는 많아도 박봉에 업무 강도는 너무 셌다. 게다가 중소기업이 많다는 점이 걸렸다.

조건에 맞는 옷이 없거나…

회사도 내부분 수도권 인근보다는 외곽에 자리하고 있어 다니기에 녹록지 않아 보였다. 그래도 마침 집과 가까운 거리에 위치한 회사에서 디자인 업무로 구인을 하길래 들어다봤다. 회사 규모를 보니 신생 회사도 아니어서 안정적으로 급여를 받을 수 있겠다는 생각이 들었다. 여기라면 정규직도 설렐 수 있고 여러모로 좋겠다 싶어 면접을 보고 입사했다.

이곳은 근무 시간이 9시부터 6시까지였는데 보통 6시 30분 전에는 퇴근했다. 물론 기타 업무가 주어질 경우 8, 9시까지 야근을 하기도 했다. 업무는 주로 행사를 진행할 때 필요한 포스터나 배너 제작, 디스플레이용 소품 준비, 제품 라벨 제작, 기념품 등이었다. 디자인 관련 업무는 다 했다고 보면 된다. 부가적인 업무는 물론 프로그램으로 영업 장부 입력, 세금 계산서 발행 같은 일이 포함되었다. 디자이너야 전공이고 하던 일이지만 세금 관련 업무는 너무 생소했다. 각종 서류 발행이나 체출 · 입고 관리외 같은 부가 업무는 나에게는 정말 바거운 일이었다. 돈이란 약인 것들이라 할말이나 월초엔 영업부 사람들과 정신하느라 정신없이 바빴다.

물론 이런 업무에 대해 전혀 안내받지 않고 입사한 건 아니었다. 애초에 채용 공고에 명시되어 있기도 했다. 하지만 입사 당시에는 물론 업무 담당자가 있있고 나는 보조하면 되었다. 또 영업부와 하는 일도 선임이 있었기 때문에 서브 역할을 하는 정도였다. 그런데 본격적으로 업무에 투입되자 선임이 하던 업무가 자연스레 나에게 위임되고 물론 업무까지 내가 담당하게 된 것이다.

회사에 들어온 지 10개월이 되었다. 미래가 보이지 않았다. 이대로 계속 있다간 오히려 이직에 어려움이 생길 것 같았다. 오죽하면 상사들도 내가 고민이 많을 것 같다는 위로를 건넸을까. 보조로 생각했던 업무가 주 업무가 되자 스트레스는 극심해졌다.

회사가 곧 세상이라고 믿었는지도 모른다.

디자인 작업을 계속 살릴 거면 퇴사를 서두르고 다른 직장으로 옮기는 게 맞겠다. 하지만 아예 퇴사하더라도 이 일을 계기로 디자인이 아닌 다른 분야를 택했던 일이 잘못되었다는 생각이 확고해졌다. 그래서 편입을 결정하고 회사를 퇴사했다.

가족과 친구들은 일부 스트레스가 심했던 걸 충분히 이해하고 내 퇴사를 진심으로 응원해 줬다. 직장에서도 퇴사를 만류하는 사람은 없었다. 오히려 편들어 하는 모습이 보였다며 열심히 하라는 응원을 들었다.

마지막 출근 날, 공교롭게 공휴일이어서 사장님이 좋으그런지 않아 우선으로 인사를 드리고 마음 편하게 회사를 나왔다.

디자인은 그저 그림이 좋아서 시작한 일이었는데 직업으로 연결되면서 스트레스가 되어 버리고 말았다. 그래서 나는 디자이너를 포기한 걸 후회하지 않는다. 스트레스가 너무 심한 분야라는 걸 실감했으니까. 오히려 좋은 경험을 했다고 생각한다. 어쨌든 직업을 살려 직업을 가져 봤으니 다음에 미숙한 일이 생기면 더 지혜롭게 대처할 수 있을 것이다. 무엇보다 새로운 도전을 할 수 있는 출발점을 마련해 준 게 직장이 있었으니까, 내게는 의미 있는 경험이었다는 생각이 든다.

지금은 새로운 분야를 공부하고 싶어서 편입을 준비 중이다. 꿈꾸던 다른 일을 준비한다는 즐거움은 분명 크다. 물론 현실적인 어려움은 고스란히 남아 있다. 특히 고정적인 수입이 없다는 건 큰 고민이다. 편입을 준비하고 있다지만 내가 원하는 학과로 진학할 수 있을지도 미지수다. 이런 생각을 하면 막연한 불안감이 일면서 준비심이 난다. 이 두 가지 어려움을 안고 편입을 준비하는 게 지금 가장 힘든 일이다.

지금이 아니면…

206

그래도 이럴 때마다
지금이 아니면 기회가 없다는
처음의 다짐을 되뇐다.
그러면 조금은
붙잡아 가지는 걸 느낀다.

너만 찾았었지.
그런데 매칭 남았지?

#19

혼자 환자 스무 명을 돌봐야 했어요

간호사가 되기 위해 간호학과를 나왔어요. 간호학을 전공했다고 꼭 간호사가 되어야만 하는 건 아니지만 취업을 염두에 두고 진학했기 때문에 다른 길은 생각해 보지 않았어요. 지금에 와서 보면 동기들의 경우 보통 인상에서 2, 3년 정도 경험을 쌓은 다음에 보건, 소방, 교정직 등 공무원을 준비하거나 대학병원에 들어가더라고요. 특히 대학병원은 대기업처럼 급여도 많고 체계적이어서 대부분 대학병원으로 가길 원하죠. 하지만 제는 그만큼 공부해야 할 것이 많고 근기도 워낙 센 대학병원이 그리 매력적으로 보이지 않았어요. 그래서 집과 가까운 곳으로 취업하려고 마음먹었죠. 그렇게 들어간 곳이 집 직장이에요.

209

제가 근무한 병원은 병상이 300개 정도 되는 규모였어요. 3교대로 근무를 했는데 간호사 1명, 간호조무사 1명이 짝으로 근무하는 형태였죠.

이곳의 업무는 크게 두 가지예요. 간호사는 환자 상태를 기록하고 의사 지시를 바탕으로 약이나 검사 처방을 하고요. 조무사는 주사를 놓고 약을 분배해요. 원래 간호조무사가 주사를 놓으면 안 되지만 이 병원은 시골에 있기도 하고 간호사가 많이 부족해서 간호조무사들이 주사를 놓아야 하는 실정이었죠.

문제는 신규 간호사들은 학교에서 이론적으로만 주사 놓는 법을 배우고 실습 이라고 해도 동기들과 몇 번 해 본 것이 전부인 채로 사회로 나오거든요. 그래서 주사 놓는 걸 잘하지 못해요. 병원에 취업해서야 본격적으로 배우게 되는 거죠.

임사를 하고 두 달 남짓 업무를 배워 가던 차에 제 선임 간호사가 다른 병 동으로 옮기길 희망했어요. 그래서 신임 간호사였던 제가 업무를 맡게 되었어 요. 처음에는 그리 큰 어려움은 없었어요. 하지만 곧 진짜 문제가 일어났죠.

210

8개월 지에 접어들 무렵, 이사장님의 지시가 내려왔어요. 제가 근무하는 병동에 환자가 별로 없다면서 간호조무사를 다른 병동으로 보내라는 지시가 떨어진 거예요. 졸지에 저 혼자 모든 일을 하게 되는, 고약함을 받도 안 되는 상황에 놓인 거죠.

제가 근무하던 병동은 소아실이 주로 있고 남자 10인실 여자 10인실 이렇게 두 개의 다인실이 있었어요. 이 인원을 둘이서 돌봐 왔는데 간호조무사 한 명이 나가면서 저 혼자 환자 스무 명을 넘게 봐야 하는 거예요. 그렇다고 두 명 몫의 월급을 주는 것도 아니잖아요. 혼자 전화받는가 의사 회진에 따라가고, 수술 환자 있으면 병동 비우고, 수술실까지 환자 데려간다가 인수인계해 주고... 절말 한 명으로는 아무도 없는 일이거든요. 무엇보다 힘든 건 이 바쁜 와중에 제가 아직 주사를 잘 놓지 못한다는 거였어요. 이제 막 병원에 의사 배우기 시작했으니 경험이 부족한 게 당연하잖아요. 주사로 인한 스트레스가 정말 심했어요. 그나마 선배 간호사분들이 제가 근무하는 순번에는 최대한 주사를 놓는 일이 없도록 배려해 준 덕분에 버틸 수 있었어요. 하지만 갑자기 신규 환자가 오면 어쩔 수 없이 제가 주사를 놓아야 했죠. 그때마다 간호사가 되어서는 주사 하나 제대로 놓지 못한다는 사실이 너무 창피하고 가다란 자괴감을 불러일으켰죠.

이렇게 더 새롭다거나
점점 안 되게다시는 생각이 들었어요.

그래서 딱 1년만 채우고 그만두자고 마음먹고 계우계우 참는 생활을 이어 갔죠. (사업자를 인터뷰하다 병원의 규모에 비례한 간호사 인원 조항이 있는지 알아봤습니다. 2017년 기준 현재 우리나라에는 간호사 한 명당 담당 환자 수에 대한 규정은 없습니다.)

1년을 거의 채울 즈음 가족에게 먼저 퇴사하겠다고 말했어요. 가족은 의견 에 동의하면서도 다른 일을 먼저 생각해 놓고 그만두는 게 어떻겠느냐고 하더 군요. 하지만 이내 제 결심이 선 것을 느끼고는 별다른 이견을 내지 않았어요. 직장에서는 퇴사를 결심했다는 걸 알리자 반응스럽다는 말이 나왔어요. 간 호 부장님께는 종순까지만 다니고 그만두겠다고 하니 "네가 여기서도 못하는 데 다른 데 가서는 절할 것 같냐"는 소릴 들어야 했죠. 그러면서도 퇴사는 말렸 어요. 다른 병동으로 보내 주겠다면서요. 하지만 저는 사직서를 작성하고 나왔 어요. 2주 정도 그 지옥 같은 시간을 견딘 후에 말이죠.

퇴사 후 한 말이 지났을 때였어요.

213

기침을 했는데
조금만 핏덩어리가 나오더라고요.

결핵이었어요. 제가 있던 병동에 걸려실이 있었는데 이주머니 한 분이 결핵으로 입원해 있었거든요. 이분은 격리 조치가 되었는데도 간호사 말도 무시하고 병동을 마음대로 돌아다니곤 했어요. 그때 깜빡 있었나 봐요. 건강한 사람은 결핵균이 들어와도 시간이 지나면 회복되지만 당시 저는 강도 높은 근무에 스트레스로 밤낮이 뒤바뀌 때문에 균을 이겨 낼 수 없었나 봐요.

결국 2년 동안이나 지료를 받아야 했고 그동안 저는 히 취지은 할 수 없었어요.

지금은 병원으로 다시 돌아가지 않고 공공기관에서 제약직으로 일하고 있어요. 가끔 병원의 채용 공고를 보거나 지장 간호사 연봉을 듣을 때면 '아, 다시 간호사 일을 해야 하나' 싶을 때도 있는데 당시 일하면서 받았던 스트레스가 너무 커서 죽고 싶다는 생각이 들 정도였던 걸 생각하면 지금의 선택이 맞는 것 같아요.

215

한바탕 전쟁을 치르고 나면
남는 건 허탈감뿐이었어.

#20

고객들과 실랑이에 지쳤어

대학생 때 일본 기업에 인턴을 다녀온 경험은 교수님들로 하여금 일할 곳을 추천해 주게 했어. 당시 나는 일본 어학연수를 통해 일본어 강사가 되려고 마음먹은 상태였거든. 다만 어학연수를 다녀오려면 지금이 필요하잖아? 그래서 교수님들의 추천을 마다하기가 어려웠어. 그렇게 결정한 첫 직장이 어학원이야.

나는 주로 데스크에서 수납 업무를 했고 이따금 정리 업무도 겸했어. 일본어를 다루는 곳은 아니었지만 근무 환경이 좋았지. 먼저 출근 시간이 늦은 편이었고 집과도 가까웠어. 원어민 학원인 터에 이참에 영어를 배워 볼까 생각이

듣기도 했고, 게다가 하원비 지원까지 됐으니 어찌 보면 최상의 근무 환경을 갖춘 곳이었던 셈이야. 업무상 어려움도 크게 없었어. 원어민 강사들이 어려운 질문을 할 때면 어김없이 원장 선생님이 나타나 도와줬거든. 이곳을 그만둘 이유는 나의 욕심 말고는 없었어.

1년 후 나는 본격적으로 연수를 떠날 준비를 했어. 좋은 곳인 만큼 충분한 시간을 두고 그만두겠다고 말했어. 인수인계를 충실히 하고 동료들의 응원 속에서 그곳을 빠져나왔어.

준비가 끝나는 대로 일본에 도착했어.

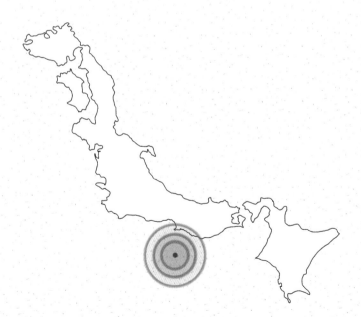

3개월 후 이 분에는 큰 지진이 일어났어.

후쿠시마 원자력발전소 사고가 터지면서 상황은 급박하게 돌아갔고 나는 결국 한국에 돌아올 수밖에 없었어.

오랫동안 세운 계획이 한꺼번에 무너지는 순간! 심지어 1년간 모은 돈으로 지불한 학비나 숙소비는 자연재해라는 이유로 환불받을 수도 없었어. 그 순간 생각이 극단적으로 흐르더라.

'또 많이 주는 곳이나 별까?'

그래서 고객센터에 취업했어. 취업 이유는 예상했겠지만 돈이었지. 복리후생도 통신사와 연계해서 아주 좋게 적혀 있더라.

처음 한두 달은 공부하면서 신배들에게 조금씩 업무를 배웠어. 그리고 4개월째 되던 날에 본격적으로 상담사로 일하기 시작했어. 예상은 했지만 근무 환경이 정말 빡빡하더라. 상담 전화가 불규칙적으로 오기 때문에 늘 대기 상태에 있어야 했고 그래서 화장실 가는 것조차도 이유를 때매 다녀와야 했어. 통화 내용은 실시간으로 공유되기 때문에 상담 시간이 길어지면 상사가 무슨 일이나고 물어보는 등 일하는 내내 자유를 느낄 수 없었어.

여기에 모든 상담사가 그렇듯 고객의 언행으로 인한 스트레스가 추가되었지. 수화기 너머로 들리는 말이 매우 거친 경우가 많았어. 대부분이 당장 문제를 해결할 수 없는 고객이 세 번 욕하면 끊을 수 있다지만 내가 일할 당시만 해도 "죄송합니다"를 반복하는 게 전부였어. 간혹 도가 지나치면 반박할 수 있지 않느냐고 묻는데 고객이 내라는 상담 만족도 평가와 클레임 횟수가 성과로 이어지는 직업이기 때문에 고객이 쉽게 그리고 말하지 못해. 만약 평을 안 좋게 받기라도 하면 성과지만 녹취록을 들으며 뭐가 문제였는지 피드백을 해야 하지. 마치 포레젠테이션하듯 말이야.

이 일을 하면서 실어 거의 8킬로그램이나 빠졌어.

입맛이 없어져서 좋아하는 구리면도 하나도 먹지 못했어.

이렇게 살면 안 되겠더라. 심장님께 관둔다고 말씀드렸어. 심장님은 고기를 끄덕였지.

어떤 일을 하든 적어도 1년은 채웠는데 6개월 만에 그만두다니. 내가 이 정도밖에 안 되는구나 하고 자괴감에 빠졌어. 한동안은 웃음도 사라진 채 정신병에 걸린 사람처럼 한 달 정도를 보냈어. 이 와중에 지인이 소개해 준 회사에도 잠시 출근했는데 몇 때리고만 있었어. 결국 그곳도 얼마 안 가서 그만뒀지. 자존감은 더 바닥을 쳤고.

그렇게 두 달이 더 흘렀어. 내 모습을 보던 친구가 더 놔두면 안 되겠다고 생각했는지 학교에 조교 자리가 하나 빈다는 거야. 친구도 있으니까 조금은 낫지 않을까 싶어서 그러겠다고 했어. 그렇게 2년이 흘렀고 다행히 이곳에서 바닥을 쳤던 자존감을 회복했어.

그래도 조교로 평생 살 수는 없으니까 실업급여를 받으면서 다시 한번 전공을 살려 보기로 했어. 여행사에서 일하는 동기가 떠올랐어. 그 친구 말로는 일본어를 쓰는 비중도 높고 급여도 나쁘지 않다는 거야. 일도 괜찮아 보였지. 이동수단, 숙박, 가이드 등 여행 상품을 직접 기획하고 마케팅까지 한다는 점에서 배울 게 많아 보였어. 그렇게 여행사에 관해 공부한 다음 면접을 보러 갔어. 그런데 면접장에서 상품은 직접 기획하지는 않고 만들어진 상품을 손님에게 안내하고 판매만 한다는, 기대와는 다른 얘기를 들었어. 그래도 경험이 될 거라는 생각 아래 면접에 임했고 결국 같이 일하기로 결정이 됐어.

사람들은 정말 좋았어. 일 끝나면 같이 저녁을 먹고 여행을 같이 다닐 정도로 막역하게 지냈지. 그런데 일직으로 계속하기는 어렵겠더라. 기본적으로 상품을 판매하는 직업인데 가격에 민감한 고객들이 1,000원, 2,000원 깎아 달라고 끈질기게 굴 때면 스트레스를 받게 되는 거야. 여기에 지연제해나 세제정세 때문에 비행이 연기되거나 취소라도 되면 애꿏거지는 물론이고 가중에게서 취소 문의가 빗발치.

그렇게 한바탕 정쟁을 치르고 나면
남는 건 허탈함뿐인 거지.

네, 문의하셔서… 음…

이런 이유로 약 2년쯤 근무했을 때 퇴사 의사를 밝혔어. 모두 이상하다면서 응원해 줬지.

퇴사를 후회하느냐고?

아니, 다 경험이라고 생각해.

이 경험들을 통해 기준들이 조금씩 자리 잡혀 가고 있거든.

지금은 회계 일을 배우고 있어. 많은 사람들과 부딪히는 일을 계속하다 보니 지쳐서 예전부터 해 보고 싶었던 일을 하기로 했어. 급여는 여행사 때보다 조금 적지만 일의 강도 면에서는 만족스러워.

그렇다고 이곳에 계속 다닐 지는 모르겠어. 어떤 관심 있는 분야가 또 생길지 모르니까.

앞으로도 새로운 것에 흥미가 생긴다면 나이와 무관하게 도전해 보려고 해.

225

#21

매일 야근을 해도 쌓이는 업무량

저는 학교를 졸업하고 제 인생 바로 직장 생활을 시작한 케이스입니다.

첫 번째 회사는 인턴으로 시작했습니다. 인턴 기간이 끝난 다음에는 파견직으로 전환되어서 총 2년 9개월간 그곳에서 근무했습니다. 그 후에 또 다른 기업에 위촉연구원이라는 신분으로 입사해 2년간 계약직으로 근무했고 그다음에는 한 교육기관에서 행정 업무를 맡아서 근무했습니다.

그렇게 옮겨 다니며 일을 하던 차에 이전 직장 공고를 보게 됐습니다. 일찍부터 일해서 사회 경험은 나름 쌓였다지만 모두 계약직으로 일한 몇에 안정적인 생활을 해 본 적은 없었죠. 그래서 지원했습니다. 다행히 합격을 해서 정규

지으로 일하게 됐습니다. 아무래도 전공과 연관이 있었고 약 5년의 근무 경력이 합격에 영향을 줬던 것 같습니다. 그렇게 합격한 것까지는 좋았는데 부서배치부터 난관이 있었습니다.

우선 인수인계를 해 주는 선임의 텃세가 너무 심했습니다. 특히하면 전 직장에서 터득한 것만 배워 왔다고 갈궈 대는데 그게 6개월이나 이어졌습니다. 그러다가 선임이 다른 부서로 이동하고 우리 부서에 또 다른 선임이 왔는데 새로 온 선임은 자기 업무를 저한테 많이 떠넘겼습니다. 당시 저는 사업 하나를 전담하고 있었는데 사무와 현장 업무가 동시에 이뤄져야 하는 일이라 혼자 꾸리기 벅찬 수준이었습니다. 그런데 선임이 주는 이런저런 자질한 업무까지 계속 떠맡게 된 거죠. 다행히 중간에 출산휴가 갔던 여직원이 복귀했는데 반가움도 잠시, 둘째를 임신하는 바람에 다시 휴가를 내고 싶다는군요. 청천벽력의 소식이었습니다.

문제는 이런 공백에도 대체 인력이 없었다는 것입니다. 실상가상으로 얼마 뒤 선임과 팀장마저 다른 곳으로 포진이 버렸습니다. 겨우 뽑아 준 인력이라고는 아르바이트 수준의 파견직이 다였습니다. 그러다 얼마 후 새로운 팀장이 왔는데… 소위 말하는 꼴통이 있었습니다.

228

새로 온 탐정은 기본적으로 책임지기 싫어하는 사람이었습니다. 문서 결재를 받으러 가면 가면 잔소리만 늘어놓고 제때 제대로 처리를 해 준 적이 없었습니다. 게다가 술을 자주 마시는 사람이라 점심을 먹으러 가서도 술자리를 가졌습니다. 문제는 그 자리에 저를 계속 불렀다는 거였죠. 매일 야근을 하는 상황에서도 술자리에 불려 나갔고 그러면 저는 술을 마신 상태로 회사로 복귀해 일하는 식이었습니다.

술자리가 끝나면 집에 가서 쉬는 게 맞지만 저는 그럴 수 없었습니다. 제가 입사했을 때 부서에 들어가고 있던 사업은 하나였습니다. 여기에 따르는 큰 사업 하나를 기획 중이었고 또 하나가 스탠바이 상태였죠. 그런데 이 세 개의 사업이 분석적으로 콜라보가 시작하자 마지 짝 징처럼 신입과 탐정의 파견, 여직원의 출산휴가, 아르바이트 수준의 파견직 충원 그리고 폭탄인 탐정 발령까지 한꺼번에 몰아닥친 겁니다. 결국 이 모든 사업을 제가 다 관리하게 되어 버렸습니다. 당연히 업무량은 넘칠 수밖에 없었고 아무리 야근을 하면서 제대로 챙이는 속도를 감당하지 못했습니다. 어느새 정신이 멍해지면서 결국 손을 놓았습니다.

누군가는 업무가 그렇게 될 지경까지 왜 윗선에 얘기하지 않았느냐고 물을 수도 있겠죠. 맞습니다. 제 잘못도 어느 정도 있을 수 있죠. 하지만 애초에 혼자 할 수 없는 양의 일을 제게 떠넘기지 않았다면 손을 놓는 일도 없었을 겁니다.

그러던 어느 날, 업무로 상사와 통화를 하던 중이었습니다.

갑자기 덩잦이 뒤에서 제 의자를 밟고 빽 찼습니다.

그때 결심했습니다. 퇴사하기로.

한동안 밀린 업무를 처내느라 주말에 본가도 못 가고 특근을 하던 어느 날 팀장에게 말했습니다.

"그만두겠습니다."

팀장은 하던 일을 멈추고 저를 빤히 쳐다보며 한숨을 내쉬었습니다. 마음 같아선 그간 쉬운 일들 때문에 퇴사하는 거라고 말하고 싶었지만 그래도 마무리는 좋게 짓고 나가는 게 맞겠다고 생각해서 개인 사정으로 퇴사한다고 말하지 못했습니다.

생각보다 부서원들은 저를 잡지 않았습니다. 오히려 충분히 그럴 만하다고 공감해 줬습니다. 출산휴가로 나가 있던 직원은 소식을 듣고 같이 점심이나 먹자며 저를 불렀고 그간의 일을 얘기하면서 위로를 받았습니다. 한데 이 팀장이라는 사람은 제가 업무상 큰 실수를 했고 수습이 안 되니 도망치는 거라고 소문을 냈습니다. 정말 끔찍나는 순간까지 정나미가 떨어졌죠.

가족은 '퇴사하면 재취업이 안 되고 힘들다', '그만한 직장 다시 구하기 힘들다'면서 저를 엄청나게 말렸지만 계속해서 힘들어하는 모습에 결국 말리는 걸 그만뒀습니다.

232

여담이지만 제가 퇴사를 마음먹은 시기에 저 이외에도 몇 명이

한 환경 때문에 퇴사했습니다. 동기 중 한 명은 외국에서 박사까지 밟고 왔지만 자은 의견 하나 내지 못했고 오히려 나대지 말란면서 부서에서 왕따를 당했습니다. 이런 환경 밑에 유독 퇴사 비율이 높은 곳으로 지적을 받기도 했습니다. 근데 문화에 역피라미드 구조라 진급 기약도 없었고 생긴 지 얼마 되지 않아 기준에 자리 잡고 있던 사람들이 쥐락펴락하기만 하는 곳이었습니다.

직장이 너무 지옥 같아서 그만든 이후에도 당분간은 쉬고 싶은 마음밖에 없었습니다. 재취업이야 시기 명쾌하고 공채도 합격해 빛으니 불안하지 않았습니다. 경제적인 걱정도 이심 대부터 조빔까지 쉬지 않고 일한터서 아니 정도 모아 든 돈이 있었기 때문에 그리 크지 않았고요. 그렇게 1년을 집에서 쉬나까 저를 괴롭히던 어깨와 목 통증도 사라졌습니다.

1년이 지나고 단시 본격적으로 취업 준비를 시작했습니다. 서류는 별문제 없이 대부분 합격했는데 면접에서 항상 같은 질문이 나왔습니다.

"전 직장은 왜 관두셨어요?"

그때마다 관둔 수밖에 없는 나름의 이유를 들었지만 모두가 바라는 기업을 지진 퇴사 했으나 설득력이 떨어지는 게 당연했습니다. 계속 면접에서 낙방하

면서 퇴사 3년 차에 접어들었었고 조바심이 나기 시작했습니다. 전에는 지원 생각조차 안 했던 기업에도 이력서를 넣으면서 지원 빈도수도 최대한 늘었습니다. 하지만 여전히 최종 합격의 문턱을 넘지 못했습니다. 잠은 오지 않았고 고민은 많아졌습니다.

234

차라리 잠 자장 사무실에서
이불 쓰러지더라도
그편이 나았을까?

여기에 금전적인 압박까지 생기니 퇴사한 것이 후회되기 시작했습니다. 그러던 중에 지금 다니는 회사 면접이 잡혔고 이번이 마지막이라는 생각으로 저를 PR할 수 있는 자료를 열심히 준비해 갔습니다. 그 절박함이 통했는지 합격 통보를 받았습니다.

이곳에 취업하기 직전까지 퇴사한 걸 후회하기도 했지만 다시 생각해 보면 인생의 흐름 중 하나가 아니었나 싶습니다. 회사를 나올 즈음 혼자 제자신인 아버지 건강이 상당히 안 좋아졌는데 마침 제가 돌봐 드릴 형편이 되었으니까요. 퇴사할 때 실망했던 가족도 아버지 곁에 제가 있어서 다행이라고 여겼습니다.

만약 퇴사를 충동적으로 했다면 후회는 정말 깊었을 것 같습니다. 하지만 6개월 남짓 충분히 고민하다 내린 결정이었기 때문에 그나마 이 정도에서 극복할 수 있었습니다. 주변에 상의도 많이 하고 생각도 많이 했으니까요. 버티고 버티다가 나온 것이어서 후회보다는 잘 나왔다는 생각이 더 듭니다.

다만 직장은 이곳에서도 전 직장과 비슷한 상황이 벌어지고 있다는 겁니다. 예전과 같은 상황이 되풀이되지 않도록 나름 조정하고 있지만 일복이 기본적으로 많은 건지 종처럼 업무가 몰아들거를 않네요. 거기다 일 처리가 절되지 않았을 때 따라오는 결과에 대한 불안감도 증가해서 스트레스가 이만저만이 아닙니다.

236

이런 의무 환경이

유독 저에게만 해당하는 건지

아니면 다들 비슷한데 참고 사는 건지....

만약 다들 참고 사는 거라면

왜 저만 이렇게 힘들게 느끼는 건지....

이런 고민이 꼬리를 물고 이어지며

하루를 보내는 날이 많습니다.

#22

미래가 지워진 공간이었다

학창 시절 IMF가 우리나라를 휩쓸고 가면서 아버지의 사업이 큰 타격을 받았다. 그때부터 내 꿈은 안정적인 직장에서 일하는 것이 되었다.

아버지는 장남인 내가 가업을 다시 일으켜야 한다며 지속적인 강요를 하셨다. 안정히 마음이 생겼고 대들도 찾아졌다. 내가 공부를 하고 있으면 제도 으셨다. 그때마다 불때 어머니께 도움을 받아 가며 대학을 졸업하고 취업 준비를 할 수 있었다. 오로지 안정적인 직장에 들어가면 아버지 밑에서 벗어날 수 있겠구나, 그럼 인생이 괜찮겠구나 하는 믿음으로 꿋꿋이 버텼다.

그래서 취업을 위한 공부 자체는 정말 즐거웠다. 이렇게도 목표를 이루기 위한 과정이니까. 틈나는 대로 가산이 되는 자격증은 전부 땄고 3학년부터는 대외활동이나 회장까지 하면서 쉴 틈 없이 지냈다. 로스쿨도 준비하고 싶었지만 아버지의 반대가 너무 심한 탓에 빨리 어디라도 들어가야 했다. 내가 공부를 하면 할수록 집안이 시끄러워졌고 동생들에게까지 피해가 갔다.

다행히 나는 4학년 마지막 학기에 취업할 수 있었다.

'그래, 이 정도면 안정적이나 성공했다.'

이렇게 나는 숨을 크게 한 번 내쉴 수 있었다.

내가 들어간 곳은 돈이 관련된 탓에 민감한 부분이 많았다. 특정 부서는 딱 잘 잡히는 일도 비일비재했다. 그쪽인 배정된 동기를 보면 항상 민원에 시달리고 상사들도 "이런 일을 계속해야 하나…" 하며 회의를 많이 느끼고 있었다.

다행히 내가 있던 부서는 업무상 스트레스는 없었다. 대부분 단순 행정 업무고 프로그램화되어 있어서 확인하고 승인만 눌러 주면 되었다. 만약 민원이 오면 상담해 주고. 일이 그다지 어렵지 않아서 야근은 한 번 없었다.

문제는 오히려 이런 환경이 사람을 풀어지게 했다는 것이다.

어느 순간 4년간 그렇게 쉴 틈 없이 준비했던 인생이

허무하다는 느낌이 들었다.

집에 온 모든 핌도 나그리를 못 켜있었다.

방전이다, 진짜...

뭘 배워야겠다는 의욕도 사라졌다. 처음에 들어올 때만 해도 회사 방침에 아버지하고자 행정적으로 일하는 드라마 같은 상황을 꿈꿨다. 그런데 실상은 단순한 행정 업무가 전부였다. 머릿속에는 '여기서 내가 노력한들 더 성공한 삶을 살 수 있을까?'라는 의문이 쌓여 갔다. 더구나 같이 일하는 상사들이 보이는 늙어진 모습에서 내 미래도 별반 다를 게 없을 거라는 확신을 보이 나는 내 가능성을 무한대로 봤다. 하지만 지금 위치에서는 아예 가능성이 없다고 느껴져 답답하기만 했다.

그것 외에 나를 괴롭히는 다른 요인도 있었다. 이곳은 노동조합의 영향력이 상당히 강했다. 거의 대부분의 직원이 노조였고 내가 있던 지사도 극소수만이 회사 측이었다. 이들 사이의 다툼이 매우 심했다. 노조 소속 직원이 진급이 말할 정도로 많이다. 당시에 동기 대부분은 노조 소속이었다. 그래서 나도 진급은 나중에 생각하고 지금이 편해야 하니까 노조를 들기로 했는데 회사 측의 입장을 생각하니 그것도 쉽지 않았다.

이렇게 신입 사원인 나를 두고 양쪽은 계속 신경전을 이어 갔고 지그마지
5, 6개월간 고래싸움에 이리저리 터지는 신세가 됐다. 여기에 비전이 안 보이는 업무까지! 더는 여기 있어 봤자 미래를 보장받을 수 없겠다는 생각이 들었다. 차라리 사업을 하면 내가 원하는 만큼 능력을 키워 나갈 수 있지 않을까 하다.

243

는 생각도 했다. 퇴사를 결심했다.

허구한 날 일 관두고 내려와 같이 일하자던 아버지도 안정적인 직장을 그만둔다고 하니 걱정하셨다. 사실 퇴사를 결심했을 때 여자 친구와 결혼 얘기가 오가던 터라 그쪽 집에서도 걱정이 많았다. 나라고 다른지 않았다. 이러다 내 인생 전체가 망가지는 건 아닌지 두려운 마음에 잠을 설치기 일쑤였다.

하지만 퇴사를 결심하고 가장 나를 괴롭게 한 건 일부 노조 즉 직원들이었다.

"내가 여기서 퇴직한 사람 중에 잘된 놈 하나 못 봤다. 너라고 나가서 잘될 것 같아?"

몇몇 사람이 돌아가면서 같은 말로 나를 나무랐다. 이제 곧 퇴사를 앞둔 사람에게 너는 망할 거라는 말을 한다는 게 도무지 납득되지 않았다. 자존심이 상했고 이해할 수 없었다. 정말 보란 듯이 떳떳하게 잘살고 성공해야겠다는 생각에 주먹이 불끈 쥐어졌다.

세상일이 다 그렇듯 직장을 그만두고 사업을 시작하기까지 수많은 우여곡절을 겪어야 했다. 나름대로 사업 아이템을 찾아 애플리케이션 개발을 하기도 했다. 쇼핑몰을 포함해 이것저것 많은 시도를 했다. 하지만 시간이 흐를수록 아버지 사업은 어려워졌고 여기에 자 친구와 결혼 계획까지 더해져 걱정은 태산같이 불기만 했다. 아버지 회사에는 우리 가족을 포함해서 10명의 직원 생계가 달려 있으니 조심스러운 마음에 내 사업을 밀어붙이기도 어려웠다. 이런 복잡한 문제가 오랫동안 쌓여 있다 보니 어느 날은 온종일 잠 안에서 생각만 하기도 했다. 현실이 혼란혼란하지 않는다는 걸 느끼게 해 준 1년이었다.

언제까지 방황만 할 수는 없었다. 나는 다시 정신을 다잡기로 했다. 맨땅에서 사업을 성공시킨 기업인들의 책을 찾아 읽고 강연을 찾아다니며 공부를 시작한 것이다. 더 많은 지글을 받을 수 있겠다는 생각에 대학원에도 진학했다. 대학원에서 만난 어느 친구는 이십 대 초반에 사업을 시작해서 80억 매출을 올리고 있었다. 세상에 이런 사람이 있다는 걸 실제로 처음 봤다. 그 친구까지만 해도 내 주변에는 길이 취업을 준비하는 사람들뿐이었으니…

어느 날은 아버지 모임에 내신 참석하게 되었는데 그곳에서도 무엇한 자기 목표를 갖고 실천해 가는 분들을 만날 수 있었다.

새삼 세상을 보는 시야가 좁았다는 생각이 들었다.

이런 경험을 통해 확실히 깨달은 한 가지는 붐을 좇아가지어며 시행착오를 겪어야 한다는 점이었다. 지금부터 완벽한 사업을 하려고 해서는 안 된다는 것이었다. 그래서 지금까지 도전해 온 아이템 중 가장 기능성이 있던 것에 재차 뛰어들어 보기로 했다. 그렇게 떠오른 게 반려동물용 가구였다. 사업 아이템을 찾으려고 이것저것 시도했던 당시 생활용품이나 디자인 소품을 판매하는 쇼핑몰을 운영한 적이 있었다. 갓 만들어진 쇼핑몰의 매출은 말할 수 없이 초라했다. 하지만 그 와중에도 반려동물 용품은 꾸준히 나갔다.

무득 여기에 가구를 접목하면 괜찮겠다는 생각이 들었다. 마침 반려동물 시장은 부흥기였고 제품은 시장 반응을 보면서 개선해 나가면 되니까 한번 해 보자고 마음먹은 것이다. 부담은 물론 있었다. 우선 내가 디자인한 제품이 팔릴지 의문이었고 제작 설비가 만만치 않았다. 그래서 제작은 외주를 맡겼다. 나중에는 이에 꼭 기술까지 배워서 직접 만들어 보자 싶어서 기계도 들였다. 지금은 중소기업진흥공단 매출을 비롯해 각종 지원 사업에 참여하면서 계속 마련했다.

그렇게 직접 제품을 생산하기 시작하니까 제작 비용이 1/3가량 줄었고 외주를 맡겼을 때 부품 오차 배문에 지연되는 문제도 해소되면서 분격적으로 사업 속도에 탄력이 붙었다. 최근에는 아버지 사업의 매출을 넘어설 정도로 성장하고 있다.

앞으로의 계획이라면
카테고리를 좀 넓히려고 한다.
현재는 반려동물 가구 하나지만
유아용 가구로도 확장해 볼 계획이다.
이 분야가 매년 승승장구할 기란 보장은 없으니
다른 방향도 꾸준히 구상해야만 한다.

언젠가는 오프라인 매장에도
도전해 보고 싶다.
최종적으로 전국에
프랜차이즈 매장을 가지는 게 목표다.

시원하게 쏟아지며...

#23

무조건 내 탓이었죠

유치원 교사를 하고 싶었어요. 하지만 부모님을 비롯한 어른들이 힘들고 박봉인 분야에 왜 가려 하느냐며 말리기에 결국 다른 길을 준비하기로 했어요. 그런데 바로 벽에 부딪혔죠. 이미 저보다 잘하는 친구가 많은 거예요. 조금만 생각해 보면 답이 나오는 일이었는데 뒤늦게 깨달은 거죠.

부모님을 설득해야 했어요. 유치원 교사가 되기로 했죠.

다행히 졸업하고 자격증을 취득하면 지원스테 유치원 교사가 될 수 있기 때문에 대학교 4년 동안 크게 스트레스받을 일이 없었어요. 다른 과들과 달리

251

토요일을 지열하게 준비해야 하지도 않았고요. 웅얼할 때쯤 구인 광고에 지원하자마자 취업이 되는 은 좋은 상황도 맞이했어요. 제가 직접 지원하긴 했지만 얼떨떨했어요. '이렇게 빨리 된다고?' 생각했던 거죠.

읽고 보니 그럴 만했어요. 급여가 엄청나게 적었거든요. 엄무는 담임교사와 특수있지만 대체 교사라는 이유로 월급이 100만 원도 되지 않았어요. 일이라도 적으면 그러려니 할 텐데 유지원 교사의 노동 강도는 절대 낮지 않아요. 3월 입학식을 시작으로 상담, 가정의 날, 발표회, 여름 캠프, 명절, 학부모 참여 수업 등등 행사가 쉬지 않고 이어지죠. 그 와중에 수업 준비는 물론이고 포트폴리오 완성에 일지도 매일 작성해야 했어요. 행사 때면 아이들이 사진을 찍고 실시간으로 올려 줘야 하죠. 자연스럽게 아근으로 연결되었어요. 이렇게 상반기가 지나면 하반기에 또 다른 지옥을 맞이하게 돼요. 장학 서류 준비, 연말에는 입학 설명회와 원서 접수… 하필 제가 입한 유치원에는 행정 담당 직원이 따로 없어서 저는 행정 일까지 겸해야 했어요.

'첫 직장이고 배우는 기간이야.'

이렇게 마음을 다잡았어요. 점자 선생님들과도 함이 맞아서 일을 처리하는 속도가 빨라졌죠. 엄무적으로는 괜찮아졌어요. 그런데 다른 스트레스가 그즈음 찾아오더라고요.

252

한 아이가 인사를 하면서 유치원을 더 못 다니게 되었어요. 지훈는 아이에게 질 지내라고 웃으며 인사를 해 줬죠. 그런데 이 모습을 본 현장 선생님이 그러는 거예요.

"선생님들 잘못이에요."

유치원이 좋았다면 저를 인사한 데까지 보내 달라고 했거나 엄마가 여기까지 데려와 있을 거죠. 즉 교사가 마음에 들지 않아서 인사 가는 거라고 억측을 하는 게 아니겠어요? 한 아이는 시맥에서 영어 유치원에 보내라면 안 받을 준 뜻에 그만뒀는데 이를 두고도 교사 잘못이라고 이주 불쾌한 표정으로 말하는 거예요.

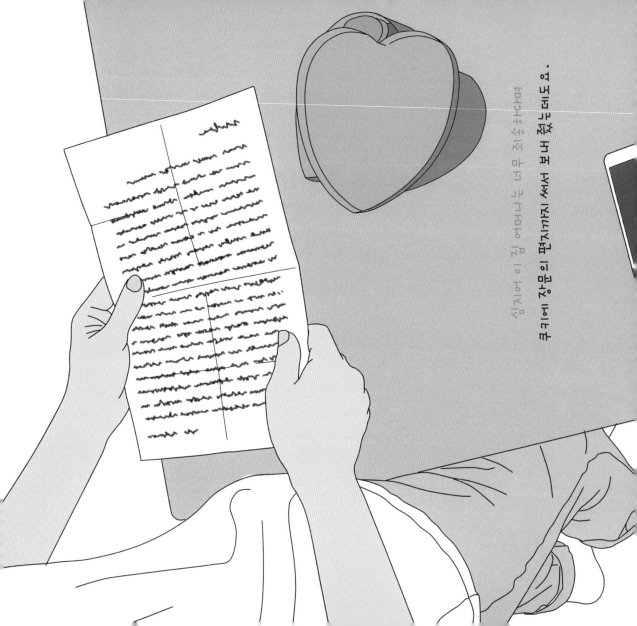

심지어 이 집 어머니는 너무 진솔하다며 한동안 이 글을 편지까지 써서 보내 줬는데도요.

원장 선생님이 이해 가지 않는 건 아내예요. 부모들 간의 네트워킹이 긴밀해서 순식간에 소문이 돌고 나가는 일이 비일비재하니까요. 문제는 뭘 해도 교사 탓으로 돌리는 일이 많아졌다는 데 있었어요. 교사 탓을 했다는 건 저희가 능력이 없다는 말로 해석할 수 있잖아요?

이런 상황이 반복되다 보니 스트레스가 몸의 병으로 이어지더라고요. 그런데 여기는 방가가 없었어요. 그래서 방학까지 어떻게든 버티다가 방학에 갔죠. 한 곳만 가면 될 줄 알았는데 여러 곳을 전전하게 되었어요. 원인을 모르겠네요. 그렇게 병원만 다니다가 어느덧 방학이 끝나가는 시점이 되었어요. 그때 한 병원에서 연락이 왔어요. 당분간 입원해야 한다고. 입원 기간을 세어 보니 방학 끝나고 하루 지난 시점까지더라고요. 그나마 다행인 건 그 하루는 애들이 나오는 날이 아니라는 거였어요. 선생님들에게 양해를 구할 수 있다는 의미였죠.

고민 끝에 입원하기로 하고 원장 선생님께 말씀드렸어요. 그랬더니 돌아온 첫마디가 "여태껏 뭐하다 이제 와서 그래?"였어요. 그 말을 듣는 순간 온갖 정이 다 떨어지더라고요. 감기 몸살도 아니고 입원해야 할 정도로 아프다는데… '인간다운 대접도 못 받으면서 더 일할 필요가 있을까?' 하는 생각이 들었는데도 당장 그만두지는 않았어요. 일단 허락은 해 줬으니까요.

그렇게 퇴원하고 돌아왔지만 여전히 몸은 좋지 않았어요. 원장 선생님은 제게 괜찮느냐는 말을 한마디도 건네지 않더군요. 오히려 교사 탓으로 돌리는 빈도가 더 심해졌어요. 이 상황을 견디다 못한 저는 더 이상 교문교문 받아들이지 않고 반박하기 시작했어요.

그러다 연말이 다가와서 원장 선생님과 상담을 했어요. 그때 참고 참았던 말을 꺼냈어요.

256

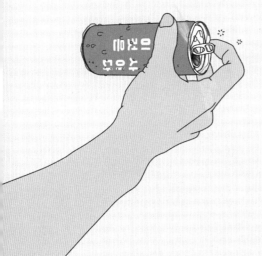

"여긴 나가겠어요."

사실 퇴사할 때까지 많은 고민을 했어요. 다행히 겨울방학 중에 새 직장을 구하긴 했지만 원래 있던 곳이 편한 건 사실이니까요. 학부모와 트러블이 있었던 점도 자를 망설이게 했죠. 부모님도 이곳이 위치를 좋아하셨고요. 그런데도 이직을 결정한 이유는 이 모든 걱정보다 해방감이 훨씬 컸기 때문이에요.

마지막 출근 날 아이들을 위해 작은 선물을 준비해 갔어요. 아이들 그리고 동료 선생님들과 아쉬운 작별 인사를 나누고 마지막으로 퇴근할 때 원장 선생님과 인사를 나눴어요. 예상한 대로 특별한 대화를 주고받지는 않았어요. 그 순간 '이 사람과도 이제 끝이구나' 생각했어요.

햇수로 3년, 적지 않은 시간을 보낸 첫 유치원과 이별하고 들어간 두 번째 유치원은 면접 볼 때부터 마음에 들었어요. 갈퇴근하는 게 꿈이었느니 여기가 그 꿈을 이뤄 줄 것 같았거든요. 여기에 상여금까지 있다는 말에 전 놀라지 않을 수 없었어요. 일단 이곳은 기본급이 나쁘지 않았고 행정 업무 담당 직원까지 별도로 있었죠. 전반적으로 진보다 체계적일 거라는 생각에 일하기로 결정했어요. 실제로 칼퇴, 일찍이 갈퇴근하는 신세계를 경험했어요. 심지어 업무도 진보다 확 줄었죠. '이렇게 근무 환경이 좋을 수가!' 하고 속으로 외칠 정도였어요.

258

그런데 시간이 지나면서 이상한 낌새가 느껴졌어요. 새 학기가 다가오면 아이들을 맞이해야 하는데 교실에서 할 게 없는 거예요. 교과가 아무것도 준비되어 있지 않았어요. 받는느 날 전까지 문제해 준다는데 임박해서까지도 준비를 하지 않았어요. 결국 그 상태로 아이들이 들어왔고 전 아무것도 해 줄 게 없어서 막막한 상황을 지켜봐야만 했어요.

그리고 약속이 슬슬 깨지기 시작했어요. 칼퇴근 약속은 지음 일주일뿐이었는지 갑자기 퇴근을 못하게 하는 거예요. 일이 많아서 그런 거면 이해라도 하겠는데 아무것도 안 하고 열 시까지 막히니… 이게 무슨 상황인가 싶은 일이 계속되면서 작은 것 하나하나에도 의문을 품기 시작했어요.

그러던 어느 날 사건이 하나 터졌어요. 집에 가면 한 학생 한 명의 몸에 상처가 났는데 아이 부모에게서 전화가 왔어요. 그 부모의 말은 상처를 낸 사람이지 아니라는 거였죠. 이 억울한 상황에서 원장님이 저를 추궁하는 게 아니겠요? 아무리 아니라고 해도 믿질 않으니 나중에 화가 나더라고요. 이에 원장님은 대뜸 나한테 제 손가락질까지 해 대며 막말하니 결국 눈물이 났어요. 아니에도 네 편은 없구나 싶어서.

어이없게도 이 사건은 아이가 집에 가는 길에 다른 곳에서 긁힌 결로 결론이 났어요. 사진은 수습이 되었지만 제 마음은 조금도 수습이 되지 않았어요.

손가락질을 하며 반말을 하는 원장 선생님의 모습이 언제고 다시 반복될 것 같았으니까요. 이 외중에도 교육을 위한 도구는 여전히 구비되지 않았어요. 나중에 동료 선생님들께 물어보니 갈퇴근은 예초에 없었다네요.

더는 여기서 일하고 싶지 않아졌어요. 그래서 전에 앓던 병을 이유로 한동안 쉬어야겠다고 원장 선생님께 말씀드렸어요. 그랬더니 돌아온 말이 충격적이었어요.

"그 질환 내가 잘 아는데 심하지 않아요. 쉬었다가 다시 좋긋해요."

결국 전재 퇴사 이유를 말했어요. 이곳의 시스템을 잘 모르겠다고. 선생님들을 너무 함부로 대하는 것 같다고. 그러자 원장 선생님은 자기가 언제 그랬냐고 발뺌을 하더라고요. 그러고는 선생님들이 오해하겠다며 정색을 하시더라고요. 그때 아이 한 명이 다치면서 상담은 중단되었고 저는 사직서를 제출하지 못한 채로 방을 나와야만 했어요.

그리고 얼마 후 같이 일하는 선생님들로부터 연락이 왔어요.

저의 톡사서함에 담겨있어
읽자 선생님에게 축구받는 내용이었어요.

순간 소름이 끼쳤어요. 돌아올 수 없는 강을 건너 버린 셈이었죠.
그렇게 결국 사직서를 제출했어요.

좋은 기분으로 이직한 곳에서도 안 좋게 끝나니
다음 직장에 대한 두려움이 생겼어요.
다른 길을 걷는 쪽으로도 마음이 기울고 있어요.
적어도 일하는 데 있어서
기본적인 대우는 보장받을 수 있을 것 같아서요.

퇴사를 후회하느냐고요?

사실 가끔 '계속 다녔으면 어땠을까?' 하고

상상해 보긴 했어요.

하지만 금세

제가 받은 대우를 생각하고는 저리 비웠어요.

절대 후회하지 않아요.

아이와 조금 더 시간을 보낼 수 있는 곳

#24

아이가 태어났습니다. 행복도 잠시, 아기 분유값과 기저귀값을 빼고 나니 한 달 월급만으로 먹고살기 어렵다는 처참한 현실을 인정해야만 했죠. 새로운 일자리를 찾아야 할 때였습니다.

이런 고민을 털어놓자 지동차 업체에서 일하는 지인이 본인 회사의 협력 업체를 소개해 줬습니다. 주·야간으로 일해야 했지만 월급이 300만 원 중반 으로 괜찮았습니다. 기술도 배울 수 있다는 점에서 막상일 이유가 없었습니다. 그렇게 면접을 보고 그곳에서 일하기 시작했습니다.

하지만 첫날에 3개월간 수습 기간이 있다는 말을 들었습니다. 다른 곳과 달리 이곳은 수습 기간 동안 월급을 급여의 60퍼센트만 준다고 하더군요. 숙은 기분이었지만 달리 생각해 보면 3개월 후에는 정상적으로 돈을 받을 수 있다는 이미 엎지른 고개를 끄덕였습니다.

'음은 거짓말이었어요. 웃겨놓 나도,'

출근 시간은 오전 6시, 퇴근은 저녁 8시였습니다. 공식적으로는요. 아무 생각이 없이 첫날 퇴근 시간이 다가오자 옷을 갈아입고 퇴근 준비를 하는데 갑자기 관리자가 바닥 소리를 지르더군요.

"이런 놈이! 과장들은 퇴근할 준비도 안 하는데 네가 벌써 준비해?"

그냥 앉았습니다. 8시는 표면상 정해 놓은 퇴근 시간이라는 것일요. 결국 10시까지 더 일해야만 했습니다. 사무실에 앉아 노는 관리자를 보면서.

10시에 퇴근하고 집에 가면 바로 자야 했습니다. 그래야 4시 반에 일어나서 출근하라도 하죠. 즉 집은 고쳐 잠만 자는 곳이었던 셈입니다. 평일에는 아이 자는 모습을 보는 게 전부였습니다. 그래도 꼭 잠들었습니다. 3개월만 버티면 가족 먹여 살릴 돈이 주어지니까요.

이런 제 사정을 알기라도 했는지 어느 날부터 회사 직원들이 잔업을 치기 시작하더군요. 그런데 그 정도가 좀 심했습니다.

한 예로 내가 사출 기계 안에 들어가서 금형을 교체해야 할 상황이 생겼습니다. 적어 내는 제품 자체가 크다 보니 금형도 300톤가량 되는데 그걸 혼자 트레인으로 몰아 놓고 설비 내부에 들어가서 스패너로 조여야 하는 일이었죠. 그래서 들어가서 작업을 하는데 갑자기 문이 단혔습니다. 문을 열어 두면 안전 때문에 전원이 꺼지지만 문이 단히면 전원이 켜지는, 즉 기계 안에 있는

데 기계가 움직이는 거였죠. 알고 보니 과장님이 장난이랍시고 기계를 움직였

다는 거예요. 이런 생각이 들더군요.

'이게 사람이 할 짓인가?'

그분은 그저 가벼운 장난쯤으로 생각했던 모양이지만 전 농담하고 싶지 않

았습니다. 그럼 기분이 전혀 들지 않았고요. 그렇게 일을 하던 중 결국 사고가

발생했습니다.

주말에는 오후 3시 정도에 퇴근을 하는데 어느 날에는 퇴근 시간 10분을

남기고 1톤짜리 큰 포대가 들어오더니 이 안에 든 플라스틱 원료를 옮기다가

군요.

268

결국 오후 6시까지 산으로 떠나고 나는고 했습니다.

허리가 우신거리다...

그러고는 아이와 놀아 주지도 못하고 바로 집에 가서 뻗어 버렸습니다. 다음 날 눈을 떴는데 고개가 움직이지 않더군요. 오른쪽 다리도 말을 듣지 않았습니다. 당황해서 아내를 불렀고 아내의 도움으로 겨우 병원에 가서 CT와 MRI 촬영을 했습니다. 허리 디스크가 전부 흘러내려서 하나도 남아 있지 않다는 말을 들었습니다. 수술이 불가피해 보였습니다.

결국 회사에 전화했습니다.

"나는 일을 못할 것 같습니다. 수술 판정을 받았습니다."

회사에서는 수술하고 다시 나오라고 했지만 이렇게까지 다쳐 가면서 일해야 하나 하는 의문이 밀려들었습니다.

4월 초에 수술을 받고 다행히 허리의 회복이 빨라서 다시 걷는 데까지는 얼마 시간이 걸리지 않았습니다. 하지만 재발의 위험성이 있다는 말에 7월 중순까지는 일할 엄두가 나지 않았습니다. 그사이 도온 도매로 나가고 아이는 계속 크고…. 그때 친구에게서 전화가 왔습니다. 자기 일하는 곳에서 사람을 구하는데 할 생각이 있느냐는 말이었죠. 반도체 쪽 현장 일인데 시간 내에 막 끝나고 환경도 괜찮다는 말에 무조건 한다고 했습니다. 허리도 80퍼센트 정도 괜찮아졌을 때였죠.

둔 때문이라고 생각하실지도 모르겠습니다만

헤리가 다친 이후로 아내와 많은 얘기를 했습니다.

결론은 '아이와 조금 더

시간을 보낼 수 있는 곳으로 가자'였습니다.

이곳은 그 기준에서 알맞은 곳이었습니다.

주변에만 해도 함께 수술 부위가 시면서 무거운 짐 들지 못했는데

동료들이 배려해 준 덕분에

일하는 데 큰 문제가 없었습니다.

친구 말대로 환경이 좋은 곳이었던 거죠.

정규직도 아니고
휴가 있어다 보니 부자도 따로 없고
수면 그만큼 눈 밟지 못하지만
만족하며 일하고 있습니다.
얘서 이야기하는 걸
처음 경험하고 있습니다.
음 앉는 줄

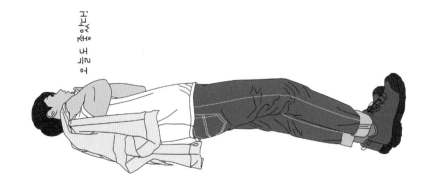

어릴 적 좋았던

퇴사를 후회하느냐고요? 천해요.
앞서 말했듯이 일하는 즐거움을 찾았습니다.
더불어 아이가 잘 때 퇴근하고
출근할 때 아이를 보지 못했던 예전과 달리
지금은 아이와 많이 놀아 줄 수 있습니다.
가족 때문에 일을 했는데
정작 가족과는 함께하지 못했던 예전과는 다른 상황인 것이죠.
보다 가족에게 충실해지기 위해
이사 계획까지 세운 상태입니다.
일터와 가까운 곳으로 가려고요.
일을 하며 미래 계획까지 짤 수 있는
상황에 이르렀다는 것에 기분이 좋습니다.

#25

나만의 무언가를 하고 싶었어요

여러 기구를 이용하는 보통의 운동들과는 다르게 철봉으로만 운동하는 맨몸 운동을 알게 된 건 군 전역을 며칠 앞두고서였다. 당시만 해도 우리나라에서는 낯선 운동이었던 덕에 새로움을 갈구하던 나로서는 그 매력에 흠뻑 빠져들었다. 전역 후에도 틈날 때마다 철봉 하나로 한 시간은 공원에 가서 운동했다. 그러다 문득 이 매력적인 운동을 혼자 아는 것이 아까워서 전파하면 어떨까 싶었다. 그렇게 커뮤니티 카페에 글도 올리고 공원에서 나처럼 운동하는 사람이 있으면 같이하자고 권유하며 사람을 모으기 시작했다. 맨몸 운동팀도 이 과정에서 탄생했다.

어느덧 내 하루에 있어서 가장 중요한 행위가 된 이 운동을 직업으로 삼으면 어떨까 생각한 나는 맨몸 운동을 경력 삼아 일할 수 있는 곳을 찾아봤다. 하지만 아쉽게도 그런 곳은 없었다. 그나마 피트니스 센터뿐이었다. 그래도 이만한 곳이 없다는 생각에 퍼스널 트레이너 수습생 채용 공고가 올라온 한 대형 피트니스 센터에 지원했다. 운 좋게도 이 피트니스 센터는 내가 맨몸 운동팀을 만들어 활동하고 있다는 걸 알고 있었고 나와 적극적으로 같이하고 싶다는 의사를 표현했다. 그렇게 취업을 했다.

입사 후 6개월 정도는 수습생 신분으로 교육받아야 했다. 그 기간 동안 나는 트레이너로서 회원들에게 보여야 할 태도, 서비스 그리고 주의 정식 트레이너가 되었을 때를 고려해서 트레이닝 하는 방법도 배웠다. 이곳은 트레이너가 되면 고객을 모집하는 만큼 급여가 올라가는 시스템이었던 탓에 6개월이 지나자마자 회원을 모집하는 네 열과 성의를 다했다. 수업도 여러 개를 병행했다.

그 노력만큼 급여는 올랐지만 마음이 점점 피곤해지고 있다는 것을 시간이 한참이 지난 후에야 깨달았다. 이곳이 수업은 대학과 비슷해서 50분 수업 10분 휴식을 가진다. 다만 대학과 다른 것이 있다면 교사는 하루 종일 쉬지 않는다는 데 있다. 운동을 이 패턴을 반복하니까 몸도 마음도 힘도 지쳤다.

276

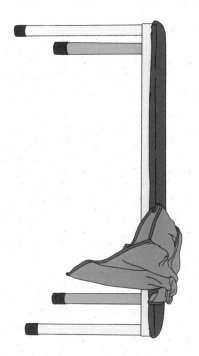

문득 내가 왜 옷들을 시장보다 지에 대한 의문까지 들었다.

'이러려고 드레이너를 시작한 게 아닌데…'

스스로가 PT하는 기계처럼 느껴졌다.

좀 더 즐겁게 사람들에게 운동을 가르쳐 주면서 수익을 창출하고 싶다는

생각이 들었다. 맨몸 운동이라는 소재를 살려 독창적인 수익 아이템을 만들고

자 하는 욕구가 부풀어 오르고 있었다. 한마디로 그때의 나는 내 머리에서 나

온 나만의 콘텐츠로 일하고 싶었다.

마테를 고민할 때쯤 전국 스트리트 워크아웃 대회에 주최자로서 참여할 기

회가 생겼다. 당시만 해도 전국 최초로 광역시가 후원하는 맨몸 운동 대회였

던 탓에 열의가 드높았고 결국 나는 고민 끝에 대회 준비에 열정을 쏟고자 신

티 대표님께 퇴사 의지를 밝혔다. 같이 일하던 동료들도 만류하다가 나의 의지

를 확인하고는 격려해 줬다. 그러고는 복귀 의사가 있다면 언제든 받아 줄 테

니 경험할 만큼 경험하라고 응원해 줬다.

내가 대표님과 동료들의 응원에 힘을 받고 간 곳은 뜬금없게도 제주도였

다. 한창 맨몸 운동팀을 꾸려서 활동할 시기에 알게 된 지인들이 제주도에서

재미난 것을 하자며 제안한 덕분이었다. 그 재미난 것이란 지역사회를 활성화

하는 방안을 모색하는 일이었다. 나는 이 일이 웬지 나만의 콘텐츠를 만들어

내는 데 도움이 될 것 같았고 목표로 했던 전국 스트리트 워크아웃 대회를

마무리하자마자 제주행 비행기에 올랐다.

이를 계기로 지금은
제주도에 거주하며
농촌 사회를 활성화하기 위해
힘쓰고 있다.
이 외에 농사일도 해 보는 등
시행착오를 신나게 하는 중이다.

내 머리에서 나온 나만의 콘텐츠로 멋진 삶을 영유하고자 하는 꿈을 조금씩 실현해 나가고 있다. 지금은 힘들지만 우리 활동이 이슈가 되면 분명 동종 문제의 일부를 해결하는 네 보탬이 될 것이라는 생각 그리고 이 경험으로 구성된 자마다 콘텐츠를 만들 것이라는 공통의 목표가 내 꿈을 이루는 네 촉매제로 작용하고 있다.

손 근육 좀 썼으니까
쉬니까 팔이 좀 아프네

이빠금 이런 질문을 받는다.

"퇴사를 후회하지 않아?"

그러면 나는 단호하게 이렇게 대답하곤 한다.

"아니."

그저 아쉬운 거라면 트레이너를 하는 동안 운동 스케줄 관리를 조금 더 계획적으로 하지 못한 것. 그랬다면 지금의 생활 방식을 좀 더 체계적으로 관리하지 않았을까 싶다. 그리고 맨몸 운동법을 내가 없이도 운영할 수 있도록 시스템을 완성하지 못한 데 대한 후회가 있을 뿐이다.

왜 난
다이렇게 보이지 않는 건까…?

26

나중에 돌아봤을 때 내가 행복해야 하잖아요

4학년 2학기에 들어선 나는 대학원 진학과 취업 그 기로에서 방황을 거듭하고 있었다. 그사이 아빠지가 퇴직을 했다. 가장 역할을 해야 한다는 생각이 든 나는 대학원 진학의 꿈은 내려 두고 취업 준비를 시작했다.

처음에는 운이 좋았다. 한 대기업의 최종 면접까지 갔으니까. 하지만 그게 끝이었다. 다시 상반기가 돌아왔으고 이번에 조금 더 폭을 넓혀 지원해 봤으나 상황은 지난 시즌과 별반 다르지 않았다. 지원하는데도 서류 면접조차 통과하지 못하는 상황이 이어졌다. 그러던 중에 한 곳에서 서류 합격 통보를 받았다. 원하던 분야는 아니었지만 요구하는 급여 조건도 괜찮고 안정적인 편이라 고민하지 않고 면접을 봤다.

면접을 너무 맞췄다고 생각하던 차에 헬렐! 다음 날 합격 통보를 받았다.

이 회사는 자동차 부품을 개발하는 곳으로 나는 주로 샘플 테스트를 담당했다. 고객사가 원하는 제품의 강도가 있으면 우리가 제작한 샘플이 그 조건에 맞는지를 각종 장비로 시험하고 데이터를 산출하는 일이었다. 업무 자체는 힘들었지만 어차피 회사는 일하러 오는 곳이니까, 한편으로는 내가 할 일이 있다는 것 자체에 기분이 좋았다.

그런데 근무시간은 문제였다. 아침 7시 반 출근인데 퇴근은 9, 10시가 항상 넘었다. 당연히 그보다 늦게 퇴근하는 일도 빈번했다. 주말에는 출근하지 않았느데 그것도 자가 없다는 이유에서였고 사수에게는 토요일 출근도 당연해 보였다. 아근이 잦은 회사는 가고 싶지 않았지만 직무개발 연구개발 직무로 지원했기에 야근하지 않을 거라는 기대는 애초에 하지 않았다. 그래도 12시간 정도를 예상했지, 16시간은 내 범위 안에 없었다.

퇴사할 생각은 없었다. 오히려 일정 기간 다니다가 이직을 하겠다는 마음이었지, 아무 준비 없이 나오는 건 아닌 것 같았다. 그런데 입사하고 한 달이 좀 넘었을 때 생각이 바뀌었다.

284

운동 겸 배드민턴을 치고 있는데
의규삼이 나를 찾아왔다.

이렇게 사는 게 맞는 걷까…?

보통 우리가 겪는 일련의 과정을 학교를 졸업해서 회사에 들어가고 결혼하고 집 사고 차 사고 하는 게 당연한 줄만 알았는데, 이 흐름대로 가지 않으면 큰일 날 것만 같았는데 이 과정들을 그려 보니 결말이 꽤나 허무할 것 같았다.

이게 정답이 아니지 않을까 하는 생각도 그냥 처음 했다. 한 번쯤 내가 하고 싶은 일을 해 보고 다시 이런 생활로 돌아가도 늦지 않을 거라는 마음이 조금씩 피어났다. 그 누구의 것도 아닌 내 인생인데 나중에 돌아봤을 때 누구보다 내가 행복해야 맞는 게 아닐까?

이 고민 끝에 떠오른 단어가 퇴사였다.

한 열흘간 샘플 테스트와 출장이 겹치면서 밤 11시 반에서 12시 사이에 계속 퇴근해야만 했다. 이 나날들은 나로 하여금 확고하게 마음을 굳히게 했다.

'역시 아니야.'

문제는 퇴사하고 뭘 할지 정했느냐다. 마침 이 고민을 할 시기에 몇몇 지인이 직장을 나왔다. 그들에게 물었다. 왜 퇴사를 했느냐고. 평소 누구에서 도표로 쌓만하게만 봐 있던 퇴사 이유를 직접 마주하고 들어 보니 흥미로웠고 더 많은 사람의 얘기가 궁금해졌다. 그렇게 본격적으로 퇴사 경험이 있는 청년들과 만나서 인터뷰를 하기 시작했다. 인터뷰를 마치고는 결과물을 모두 묶어 하나의 웹고로 만들기로 했다. 이 웹고가 내겐 회사를 그만둘 이유가 되었다.

2주 뒤 주말에 기숙사로 가는 버스 안에서

사수를 포함한 팀원들에게 유선으로 먼저 퇴사 의사를 밝혔다.

그리고 그다음 날 사직서를 제출했다.

월요일 아침 회의 후

팀원들과 옥상에서 면담을 진행했다.

피곤함이 잔뜩 묻어 있는 팀원들의 얼굴을 보니

미안한 마음이 들었지만 흔들리지 않고

다시금 의사를 밝혔다.

다들 아쉽다며 잘하라고

격려의 말을 건넸다.

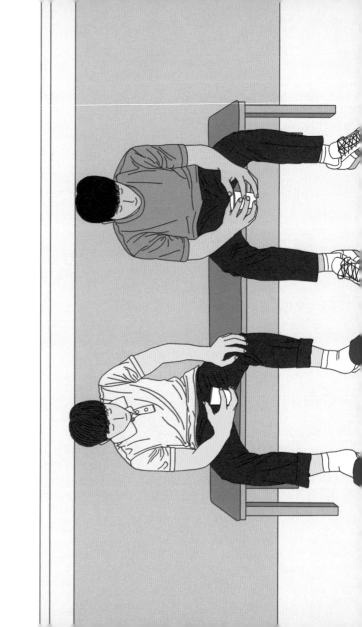

"눈 감으면 도대체 차이가 없는 거야. 눈 뜨나 눈 감으나 마찬가지."

반면 사직서 처리에 진척이 없어 부장님에게 면담을 요청하니 남버덕 같은 답변이 되돌아왔다. 나는 고개를 끄덕이었다. 하지만 동시에 근무 환경이 개선되었다면 퇴사에 대해 더 고민해 보지 않았을까 하는 생각도 했다. 근무 환경이 퇴사 이유에 적지 않은 비중을 차지했으니.

약 4일 후 최종 인사 처리가 났고 저녁을 먹은 뒤 부서원들과 인사를 나누며 그곳을 나섰다.

퇴사 후 본격적으로 사람들과 인터뷰를 진행하면서 이른바에이트를 병행했다. 근무시간이 일정한 덕분에 저녁에 글을 쓸 시간이 주어졌다. 그렇게 어느덧 7개월이 흘렀다. 이른바에이트는 근무시간이 일정해서 한 일이었지만 상수기라는 이유로 연장 근무를 계속해야 했고 그 탓에 글을 쓸 시간이 부족했다. 이른바에이트는 죽고를 완성한 시점에 그만두었다. 요즘은 하루 종일 원고만 붙잡으며 살고 있다.

퇴사를 후회하느냐고?

아니, 후회하지 않는다.

애초에 내가 정한 직장의 기준에

부합하지 않는 곳이었다.

오히려 아쉬운 게 있다면 조금 더

적극적으로 사연 모집을 하지 않았다는 것이다.

더 다양한 분야의 얘기를 담지 못한 게 아쉽다.

출판 계약이 되고 나면
다시 취업 준비를 할 예정이다.
어쩌면 취업의 문에 다시 들어섰을 때
또 같은 허무함을 느낄지도 모른다.
그러나 아직 정말 원하는 분야에서
일해 보지 못했기 때문에
내 선택에는 변동이 없을 것 같다.

나와 닮은 사람들의 이야기를 담았어

퇴사 후 비로소
나다운 인생이 시작되었다

초판 1쇄 인쇄 2019년 3월 13일
초판 1쇄 발행 2019년 3월 20일

지은이   김가비
발행인   김승호
펴낸곳   스노우폭스북스

편집인   서진
편집진행   이병철, 최민지

마케팅총괄   김정현
마케팅   이민우
영업   이동진
SNS   이태희

디자인   강희연

주소   경기도 파주시 문발로 165, 3F
대표번호   031-927-9965
팩스   070-7589-0721
전자우편   edit@sfbooks.co.kr
출판신고   2015년 8월 7일 제406-2015-000159

ISBN 979-11-88331-59-8 (02190)
값 14,800원

ⓒ 김가비